PROCÈS VERBAL

DES SÉANCES

DE L'ASSEMBLÉE PROVINCIALE

DE ROUSSILLON,

Tenue à Perpignan, dans les mois de Décembre
1787, & Janvier 1788.

A NARBONNE,

De l'Imprimerie de la Veuve BESSE, Imprimeur
du Roi, & des États Généraux de la Province
du Languedoc.

M. DCC. LXXXVIII.

PROCÈS VERBAL

DES SÉANCES

DE L'ASSEMBLÉE PROVINCIALE

DE ROUSSILLON,

Tenue à Perpignan, dans les mois de Décembre 1787,
& Janvier 1788.

L'AN mil sept cent quatre-vingt-sept, & le quinze Décembre, à dix heures du matin, dans la ville de Perpignan, l'Assemblée Provinciale du Roussillon, complète, s'est trouvée réunie dans la Salle principale du Palais Épiscopal de cette Ville, conformément à l'ordre du Roi, manifesté par la Lettre de Cachet adressée à Mgr. l'Evêque d'Elne, Président, en date du 20 Novembre 1787, & par une Lettre de M. le Comte de Brienne, Secrétaire d'État, ayant le département de la Province, qui ordonne audit Seigneur Évêque Président, de convoquer, par ordre du Roi, tous les Membres qui doivent composer ladite Assemblée, afin qu'ils se rendent à Perpignan le 15 Décembre, jour fixé pour son ouverture, &, en vertu des Lettres de convocation de Mgr. l'Évêque d'Elne, Préfident, à chacun defdits Membres, lefquelles ils ont remifes fur le Bureau, & ladite Affemblée a été reconnue être compofée des Perfonnes ci-après nommées.

POUR L'ORDRE DU CLERGÉ.

Mgr. l'Évêque d'Elne, Préfident, nommé par le Roi.

M. l'Abbé de Monteils, Chanoine, Grand Archidiacre d'Elne, Vicaire Général du Diocèfe & Confeiller d'honneur au Confeil Souverain de Rouffillon.

Don Louis de Campredon, Grand Sacriftain de l'Abbaye de S. Michel de Cuixa, & Vicaire Général du Diocèfe.

Dom de Gifpert, Prieur Clauftral de l'Abbaye d'Arles, & Vicaire Général de M. l'Abbé.

M. l'Abbé Mauran, Archiprêtre Curé de Rhodès.

M. Pierre Llanes, Curé d'Ur, dans la Cerdagne.

M. L'Abbé Eychenne, Prêtre, Docteur ès-Loix, Promoteur du Diocèfe.

POUR L'ORDRE DE LA NOBLESSE.

Don Pierre - Ignace de Margarit, Marquis d'Aguilar, Chevalier de l'Ordre Royal & Militaire de S. Louis, & honoraire de celui de Malte.

Don Jofeph d'Oms, Marquis d'Oms.

Don Jean de Çagarriga, Chevalier.

Don François d'Anglada d'Oms, Chevalier, ancien Capitaine d'Infanterie, Penfionné du Roi.

Don Paul, Baron d'Ortaffa, Colonel Infpecteur des Gardes-Côtes, Chevalier de l'Ordre Royal & Militaire de S. Louis, abfent de la Province, Chevalier d'honneur au Confeil Souverain de Rouffillon.

Don Antoine de Travy, Écuyer, abfent pour caufe d'incommodité habituelle.

Don Abdon-Sennen de Ros, Comte de Saint-Feliu, ancien Capitaine de Dragons, Chevalier honoraire de l'Ordre de Malte.

POUR L'ORDRE DU TIERS ÉTAT.

M. Bonaure, Habitant & actuellement Consul de Perpignan.
M. Belmas, Habitant & ancien Consul de Perpignan.
M. Vilar, Baille Royal, Habitant de Prades.
M. Méric, Négociant, Habitant de Colliouvre.
M. Planes, Propriétaire à Saint-Sauveur.
M. Moréno, Propriétaire à Er en Cerdagne.
M. Carbonnell, Propriétaire à Marqueixannes.
M. Joseph Sanyes-Castello, Propriétaire à Saint-Laurent de la Salanque.
M. Balleffa, Propriétaire, Habitant de Vinça.
M. Delcaffo, Propriétaire, Habitant de la Cabanaffe.
M. Corfinos, Propriétaire à Moffet.
M. Jacques Jaubert, Propriétaire, Habitant de Paffa.
M. Jean Bach, Propriétaire, Habitant de Millas.

MM. les Procureurs-Généraux-Syndics; Don Raymond de Matheu-Bou & de Villenouvette, Chevalier, pour le Clergé & la Nobleffe; & M. François-Xavier de Llucia, Écuyer, Citoyen Noble, pour le Tiers État.

MM. les Repréfentans des trois Ordres, après s'être falués réciproquement, & avoir rendu, chacun en particulier, leurs devoirs à Mgr. l'Évêque Préfident, ont pris féance ainfi qu'il fuit.
Dans un fauteuil, au fond de la Salle, mondit Seigneur le Préfident.
A fa droite, MM. du Clergé, fuivant leurs dignités & l'ordre ordinaire de leurs féances.
A fa gauche, MM. de l'Ordre de la Nobleffe, fuivant leur âge.
En face de Mgr. le Préfident, à droite & à gauche, MM. les Députés des Villes & des Campagnes.
Et au milieu, en face de Mgr. le Préfident, MM. les Procureurs-Généraux-Syndics.

L'Affemblée ainfi formée, Mgr. le Préfident a propofé d'envoyer une députation à M. Raymond de Saint-Sauveur, Commiſſaire du Roi, pour le prévenir que l'Aſſemblée étoit réunie, & l'attendoit pour en faire l'ouverture.

. En conſéquence, MM. les Procureurs-Généraux-Syndics ont été députés à cet effet. Eux de retour, & l'arrivée de M. le Commiſſaire du Roi ayant été annoncée, MM. les Procureurs-Généraux-Syndics ont été le recevoir à la première porte, MM. de Giſpert, d'Anglada, Bonaure & Moreno, à la ſeconde.

M. le Commiſſaire du Roi ayant été introduit, a ſalué l'Aſſemblée, qui l'a reçu debout & découverte. Il a été conduit dans un fauteuil, préparé exprès à la droite de Mgr. le Préſident, s'y eſt aſſis, & s'eſt couvert.

Meſſieurs s'étant pareillement aſſis & couverts, M. le Commiſſaire du Roi a fait l'Ouverture par un Diſcours analogue à l'objet de l'Aſſemblée, & dans lequel il a annoncé qu'ayant reçu, dans la matinée même, des inſtructions du Miniſtre aſſez volumineuſes, il n'avoit pas eu le temps de s'en pénétrer ſuffiſamment, & il a prié l'Aſſemblée d'agréer qu'il remit au lendemain à lui en porter lui-même la communication.

Mgr. l'Evêque Préſident a répondu par un autre Diſcours plein de ſageſſe & de patriotiſme.

Après quoi M. le Commiſſaire du Roi s'eſt retiré, & a été reconduit par les mêmes Députés & avec les mêmes honneurs.

Ces Meſſieurs rentrés, Mgr. le Préſident a mis ſucceſſivement ſous les yeux de l'Aſſemblée complète, le Procès-verbal de l'Aſſemblée préliminaire, auquel ladite Aſſemblée réunie a donné une nouvelle ſanction, en approuvant unanimement tous les objets, nominations & délibérations y contenues.

Alors MM. les Procureurs-Généraux-Syndics ont rendu compte des opérations de la Commiſſion Provinciale intermédiaire, & & de la tenue de deux Aſſemblées préliminaires & complètes des Diſtricts, & ont dit:

Monſeigneur & Meſſieurs,

Appelés par le choix du Prince, ou par le ſuffrage de vos concitoyens, à la noble fonction de Repréſentans de la Patrie, vous recevez en ce jour le dépôt ſacré de ſes intérêts, vous prenez l'engagement de travailler à ſon bonheur, de veiller à ſa proſpérité.

Privés de cette ſatisfaction intime, de cette joie reſpectueuſe qu'inſpire la préſence même du Souverain, nous pourrons du moins porter nous-mêmes au pied du Trône l'hommage de nôtre amour & de notre reconnoiſſance. Vous en ferez les organes, Meſſieurs; vous le ferez encore de nos beſoins; vous attirerez ſur cette extrémité du Royaume les regards d'un Monarque bienfaiſant.

Vous feconderez ſes vues, par une répartition plus égale de l'impôt, par une économie rigoureuſe dans les dépenſes, par une plus grande ſolidité dans la conſtruction des routes, par l'attention que vous porterez au Commerce, par les encouragemens que vous donnerez à l'agriculture.

La ſageſſe préſidera à toutes vos opérations; vous craindrez de vous livrer à des ſyſtêmes nouveaux, à des combinaiſons hardies, quelquefois trop ſéduiſantes; vous vous bornerez à faire le bien, ſans empreſſement & ſans faſte, à le faire d'une manière ſolide & durable.

Le Public attend beaucoup de vous, Meſſieurs; il meſure vos obligations ſur les intentions du Prince qui vous confie un miniſtère ſi délicat. Mais les lumières & le patriotiſme qui vous diſtinguent, les connoiſſances dont pluſieurs d'entre vous ont fait preuve dans les charges publiques qu'ils ont exercées: mais les vertus & cette chaleur de ſentiment & d'amour du bien public, qui fait le caractère du Préſident reſpectable, pour qui les vœux de la Province avoient prévenu le choix du Roi, tout invite vos Concitoyens à préſumer avantageuſement de votre Adminiſtration.

Elle ſera, Meſſieurs, un modèle & un objet d'émulation pour vos ſucceſſeurs. Vous trouverez votre récompenſe dans le bien que vous ferez, dans la reconnoiſſance de la Poſtérité qu'il vous eſt permis d'enviſager, &, ce qui eſt plus rare, dans le ſuffrage même de vos Contemporains.

Pour nous, Meſſieurs, que vous avez aſſociés à vos fonctions par une marque de confiance, dont nous recevons en ce jour une nouvelle preuve, nous nous ferons gloire de ſuivre vos principes; nous ne porterons point nos vues hors des bornes qui nous ſont preſcrites: mais nous ne négligerons aucun des objets qui, par ſes rapports à la félicité de la Province, mériteroit quelque conſidération. Heureux ſi, en participant à vos travaux, nous pouvons obtenir votre bienveillance, &, comme vous, l'eſtime publique.

Nous allons commencer notre miniftère, Meffieurs, par vous rendre compte des objets dont votre Commiffion intermédiaire s'eft occupée depuis votre dernière Séance ; nous vous préfenterons à la fuite une analyfe très-fuccincte des Procès verbaux des Affemblées de Diftrict.

Le court intervalle de temps qui s'eft écoulé depuis notre féparation, ne vous permet pas d'attendre une grande fuite de travaux de la Commiffion intermédiaire. Elle s'eft empreffée à fe procurer, foit de M. le Commiffaire départi, foit de MM. les Ingénieurs, les renfeignemens que vous l'aviez autorifée à demander.

MM. les Ingénieurs nous ont fourni l'état des routes & des ouvrages d'art ; vous pourrez en prendre infpection. Nous y joignons un mémoire contenant quelques obfervations : fa lecture vous offrira, d'une manière plus fuivie, des objets que vous chercheriez avec peine dans une collection volumineufe.

Nous n'avons reçu de l'Intendance qu'un état de la population & des contributions des paroiffes ; il a fervi aux Affemblées de Diftrict pour former leurs arrondiffemens.

Quant aux inftructions fur les ateliers de Charité & fur le dépôt de Mendicité, que vous aviez pareillement défirées, leur connoiffance nous a été interdite : mais en réponfe à un mémoire adreffé à M. le Contrôleur Général, dont vous pourrez prendre lecture, nous avons reçu, par une lettre de ce Miniftre, en date du 27 Novembre, l'affurance que le premier de ces objets appartiendra à votre furveillance ; mais que les fonds annuels n'en font point fixes, & qu'ils dépendent abfolument de la munificence de Sa Majefté. Nous efpérons que M. l'Intendant nous remettra inceffamment, ainfi qu'il l'a promis, les détails qui pourront nous conduire avec fageffe dans la diftribution de ce fecours.

Au refte, Meffieurs, vous devez vous occuper de le folliciter promptement, & vous avez tout efpoir de l'obtenir, en repréfentant que l'origine des ateliers de Charité en Rouffillon, remonte à l'époque du miniftère de M. Necker; que cet Adminiftrateur ayant demandé à la Province un furcroît confidérable d'impofition pour fes vingtièmes, fur l'expofé que lui adreffa M. de Saint-Sauveur, des défaftres qu'avoit effuyé la Province, & de la mifère du Peuple, il borna cette augmentation à la fomme de 10,000 liv. avec l'affurance de l'accorder tous les ans en

ateliers

ateliers de Charité , fous la condition expreffe de la demander.

Il n'en a pas été de même du fecond objet ; le Miniftre, par la même lettre du 27 Novembre, fans s'arrêter à une obfervation qui nous paroiffoit concluante , que l'emploi d'une fomme levée fur la Province devoit vous être confié , nous interdit la connoiffance du régime du dépôt de Mendicité ; il vous invite à la prévenir: mais il appuie fon refus fur le prétexte que la détention des mendians & vagabonds, étant une affaire de Police générale, exige le concours d'une autorité que le Roi n'a pas confiée aux Affemblées Provinciales. Nous croyons que l'intention de la Commiffion intermédiaire a été mal connue; elle n'afpiroit qu'à la furveillance des fonds, & n'a jamais eu en vue de s'arroger aucune efpèce de pouvoir , dont elle verra toujours, avec plaifir, l'exercice dans les mains de l'Adminiftrateur.

L'Affemblée préliminaire du diftrict du Conflent & Cerdagne, s'eft , fuivant vos intentions, réunie à Prades le 17 Novembre. Elle s'eft d'abord occupée de nommer fes Officiers, & s'eft enfuite complétée , après avoir formé fes trois arrondiffemens. leurs Chefs-lieux font, *Vinça , dans le bas Conflent , Olette , dans le haut*, & *Saillagofa , pour le Capfir & la Cerdagne*, qu'elle a cru convenable de réunir.

Ces arrondiffemens nous paroiffent faits d'après le vœu du Gouvernement, foit par rapport au nombre des Communautés & à leur contiguité, foit par rapport à la maffe totale de leurs contributions refpectives ; vous pourrez, Meffieurs, vous en convaincre par le tableau joint à leur Procès verbal. La dépenfe annuelle de ce diftrict a été évaluée à 4,112 liv. Avant de fe féparer, l'Affemblée a formé fa Commiffion intermédiaire , prife en partie dans le nombre des Membres deftinés à la compléter.

L'Affemblée complète a ouvert fes féances le 27 Novembre, & s'eft féparée le 28 au foir, après avoir donné quelques inftructions à fa Commiffion intermédiaire.

En vertu de votre délibération du 22 Octobre, l'Affemblée préliminaire de la Viguerie du Rouffillon devoit fe former le 15 Novembre. D'après les repréfentations de fon Préfident, motivées fur les maladies qui régnoient alors en cette Ville, & qui affectoient quelques-uns de fes Membres, votre commiffion intermédiaire, confultée, jugea qu'il n'y avoit point d'inconvé-

B

nient à la différer, & le jour en fut fixé au 3 Décembre.

En conféquence, elle a ouvert fa première féance à cette époque ; elle a d'abord remplacé deux Membres qui n'avoient point accepté leurs nominations ; elle a fait l'élection de fes Officiers, &, lorfqu'elle a voulu procéder aux arrondiffemens, elle a été arrêtée par une difficulté imprévue, dont elle a demandé la folution à Mgr. le Préfident de l'Affemblée Provinciale.

Il s'agiffoit de favoir fi Perpignan pouvoit être claffé dans un des quatre arrondiffemens, la contribution de cette feule Ville triplant celle de tout arrondiffement quelconque. Le vœu du miniftère, configné dans fa dernière inftruction, fembloit s'oppofer à cette jonction, en exigeant que chaque arrondiffement préfentât à peu près, & autant qu'il feroit poffible, la même fomme d'impofitions.

Par une circonfpection digne de fa fageffe, Mgr. le Préfident jugea convenable d'affembler la Commiffion Provinciale intermédiaire, qui confeilla unanimement à l'Affemblée de diftrict, l'autorifa même, en tant qu'elle en auroit le pouvoir, à ne pas s'arrêter à une difficulté purement locale, que le miniftère n'avoit pu prévoir. Vôtre Commiffion a cru, Meffieurs, ne pas s'éloigner en cela des vûes du Gouvernement.

Déterminée par cette décifion, l'Affemblée du Diftrict du Rouffillon a formé fes quatre arrondiffemens, dont les Chefs-lieux font *Perpignan, Arles, Elne & Thuyr* ; elle nous paroît avoir rempli, autant qu'il étoit en fon pouvoir, ce qui lui étoit prefcrit par l'inftruction du 31 Octobre dernier.

Les arrondiffemens connus, l'Affemblée s'eft complétée, & a fait l'évaluation des frais annuels qui lui ont paru néceffaires pour fa tenue ; ils montent à la fomme de 5,460 liv.

La Commiffion intermédiaire a été formée fur la totalité des Membres, & s'eft ajournée au onzième jour du même mois.

Complète, & réunie ce jour-là dans le lieu de fes premières féances, MM. le Chanoine Anglés & Frigola, Membres de la Commiffion intermédiaire, ont repréfenté que l'un de leurs Membres, M. de Campredon étant malade, & le fieur Paul Calt, qui fait le quatrième, étant obligé de s'abfenter fouvent, ils craignoient de ne pouvoir fuffire au travail dont ils feroient

chargés ; qu'ils défireroient, en conféquence ; qu'il fut nommé
à chacun, des Adjoints pour les fuppléer en cas d'abfence ou
de maladie.

Cette obfervation a été renvoyée par l'Affemblée à vos Procureurs-Syndics pour la mettre fous vos yeux.

S'il nous eft permis d'avoir un avis particulier, nous eftimons
que chacun des Membres, devant, par fon effence, concourir au
bien général, nous ne voyons aucun inconvénient à ce que chacun d'eux foit admis indiftinctement à la Commiffion intermédiaire, lorfqu'il en fera requis, pourvu qu'il n'en réfulte pas un
furcroît de dépenfe contraire à l'efprit d'économie, qui feul peut
confolider l'exiftence de l'Affemblée.

Ces Meffieurs, après avoir rempli fcrupuleufement ce qui leur
étoit prefcrit par les règlemens, fe font féparés, après avoir
laiffé à leur Commiffion intermédiaire des inftructions particulières.

C'eft une jouiffance pour nous, Meffieurs, en terminant
l'analyfe de ces deux Affemblées, de vous préfenter le tableau
de l'harmonie qui a régné parmi fes Membres: chacun d'eux
a paru animé de l'efprit patriotique & du zèle éclairé dont
vous leur aviez offert le modèle ; quelques-uns y ont porté le
tribut de leurs talens, plufieurs celui d'un défintéreffement qui nous
paroît digne d'éloges. Organes tour-à-tour de la volonté du
Prince & de la reconnoiffance des Peuples, MM. les Préfidens
ont pleinement juftifié la confiance du Gouvernement & celle
de leurs concitoyens. Pénétrés de l'étendue de leurs devoirs,
MM. les Procureurs-Syndics, enfin, ont développé avec énergie
des vues de bien public qu'on attendoit de leurs lumières, &
parmi les queftions que nous offrirons à vos Bureaux, il en eft
plufieurs que nous devons à leur fagacité.

Au même inftant l'Affemblée Provinciale ayant pris connoiffance des obfervations des deux Membres de la Commiffion
intermédiaire de l'Affemblée de diftrict du Rouffillon, qui ont
été mifes fous fes yeux par MM. les Procureurs-Généraux-Syndics, a délibéré unaniment qu'elles feroient envoyées à Sa Majefté pour prendre fes ordres à cet égard, que, quant à elle,
loin d'appercevoir aucun inconvénient à la demande de ladite

Commiffion intermédiaire, elle croit, au contraire, que le pouvoir de s'adjoindre, fuivant les occafions, tel autre Membre de l'Affemblée de diftrict, qu'elle trouvera convenable pour remplacer, chacun dans fon Ordre, ceux des Membres de la Commiffion qui pourroient fe trouver incommodés, ou légitimement empêchés, fera un moyen très-efficace pour affurer, & même accélérer le travail de ladite Commiffion intermédiaire de diftrict, qui ne pourroit y furfeoir fans faire un tort notable aux affaires de la Province; &, en conféquence, elle fupplie M. le Contrôleur général de vouloir bien obtenir de Sa Majefté le confentement convenable pour un objet qui lui paroît important, fous la réferve, néanmoins, que ces remplacemens ne formeront pas une nouvelle charge pour la dépenfe de l'Affemblée; elle le fupplie même, s'il agrée ce moyen, de vouloir bien faire étendre la même faculté, en pareil cas, aux Affemblées Provinciales, & autres de diftrict.

Mgr. le Préfident a dit que l'Affemblée devoit, fuivant le vœu du Gouvernement, faire célébrer, le plutôt poffible, une Meffe folennelle pour implorer les lumières du Saint-Efprit, & qu'il convenoit de fixer le jour & l'Eglife que l'Affemblée croiroit les plus propres à cette cérémonie; fur quoi il a été délibéré de choifir de préférence l'Eglife de S. Jean, comme la principale de la Ville, & de s'y rendre, en partant en Corps & en cérémonie, du lieu des féances ordinaires: & attendu que l'Office folennel de demain Dimanche dans cette Eglife, où il y a expofition du S. Sacrement, Sermon & Proceffion dite communément de la Minerve, Offices qui occuperont toute la matinée, ne permettent pas d'y célébrer la Meffe prefcrite par le règlement, il a été réfolu de la remettre au lendemain Lundi 17 du courant, à dix heures du matin, & Mgr. le Préfident a annoncé à l'Affemblée qu'il fe chargeoit de célébrer lui-même cette Meffe, offre, dont il lui a été fait des remerciemens unanimes.

Mgr. le Préfident a dit encore à l'Affemblée qu'elle devoit être furprife de fe trouver réduite au nombre de vingt-cinq, quoique, felon le vœu du Gouvernement, elle dût être compofée de vingt-huit; que ces trois Membres, qui manquent au complet de l'Affemblée, font, MM. le Baron d'Ortaffa, Don Antoine de Travy & Jean Tarrès.

Le premier lui a écrit depuis peu de jours qu'il étoit à Barcelonne, à la pourfuite d'un procès important, dont il attend de jour en jour le jugement, qu'il prioit l'Affemblée de vouloir bien agréer fes regrets & fes excufes ; ajoutant que, fi elle l'exigeoit abfolument, il fe rendroit à fon invitation.

Le fecond, Don Antoine de Travy, a écrit pareillement à Mgr. le Préfident, & lui a marqué qu'une maladie habituelle l'empêche d'affifter à l'Affemblée, fur-tout dans une faifon auffi rigoureufe, & que, défefpérant que fa fanté lui permette d'y venir jamais prendre féance, il prie l'Affemblée de l'excufer & de le remplacer.

Le troifième eft M. Jean Tarrès, dont le fils a depuis peu notifié la mort à Mgr. le Préfident.

L'Affemblée, prenant en confidération ces trois évènemens, a jugé, fur le premier, les excufes de M. le Baron d'Ortaffa légitimes, a prié Mgr. le Préfident de lui donner connoiffance de fa décifion, & du défir qu'elle auroit de l'y voir prendre place à une autre féance.

Sur le fecond, elle a délibéré que les raifons de M. Travy lui paroiffant valables, il lui fera écrit, pour lui témoigner le regret qu'elle a de le perdre, & la néceffité où elle fe trouve de le remplacer.

Sur le troifième Chef, l'Affemblée a témoigné fa fenfibilité fur la perte d'un Citoyen auffi eftimable ; elle a chargé MM. les Procureurs-Syndics d'être auprès de fa famille l'organe de fes fentimens, & de la prier, s'il fe trouvoit parmi les papiers de la fucceffion de M. Tarrès des mémoires relatifs à l'objet de l'Affemblée, de vouloir bien les lui faire parvenir. Elle a de plus délibéré de faire célébrer une Meffe pour le repos de fon ame, à laquelle M. fon fils, s'il eft en ville, fera invité.

Et, quant au remplacement de ces Meffieurs, il a été convenu d'attendre, pour y procéder, la réception des nouvelles inftructions, que M. le Commiffaire du Roi, a annoncées pour demain de la part du miniftère.

Fait & arrêté à Perpignan, le 15 Décembre 1787. *Signés*, J. G. Evêque d'ELNE, Préfident. T. RAMON, Sécr. Greffier.

DEUXIEME SÉANCE.

Du 16 Décembre 1787.

Ledit jour 16 Décembre 1787, à dix heures du matin, l'Assemblée réunie dans lieu de la séance précédente, il a été proposé par Mgr. l'Evêque Président de députer MM. l'Abbé Eychenne & Méric vers M. le Commissaire du Roi, pour le prévenir que l'Assemblée l'attendoit pour entendre la lecture des ordres & nouvelles instructions qu'il avoit annoncés, dans la séance du jour d'hier, avoir reçus du Ministre, & qu'il avoit promis d'apporter à celle de ce jour.

MM. les Députés de retour, & l'arrivée de M. le Commissaire du Roi annoncée, MM. les Procureurs-Généraux-Syndics, & MM. l'Abbé de Gispert, d'Anglada, Bonaure & Moréno, ont été le recevoir, les uns à la première, les autres à la seconde porte, & l'ont introduit dans l'Assemblée, qui l'a reçu debout & découverte, sans se déplacer.

M. le Commissaire du Roi a salué en entrant, s'est placé dans un fauteuil à la droite de Mgr. le Président, s'est assis & couvert. L'Assemblée pareillement assise & couverte, M. le Commissaire du Roi a annoncé la lecture des ordres & instructions reçus le jour d'hier, laquelle a été faite aussi-tôt.

INSTRUCTIONS

POUR L'ASSEMBLÉE PROVINCIALE DU ROUSSILLON.

Convoquée au 15 Décembre 1787.

Le Sieur Raymond de Saint-Sauveur, Intendant & Commissaire départi en la province du Roussillon, & Commissaire de Sa Majesté à l'Assemblée provinciale de ladite province du Roussillon, convoquée par les ordres du Roi, au 15 Décembre préfent mois, en la ville de Perpignan,

Fera connoître à ladite Affemblée provinciale que Sa Majefté, en donnant le Règlement du 15 Août 1787, pour la formation de ladite Affemblée provinciale, & de celles qui lui font fubordonnées, a annoncé ce Règlement comme provifoire pour deux années, à l'expiration defquelles Elle expliqueroit définitivement fes intentions; & par celui du 5 dudit mois d'Août, relatif aux fonctions de ces différentes Affemblées & à leurs rapports avec fon Commiffaire départi, Elle s'eft réfervé d'y faire fucceffivement les changemens que lui infpireroit fa fageffe.

Sa Majefté ayant reconnu qu'il étoit utile & indifpenfable qu'Elle manifeftât dès à préfent fes intentions fur quelques-uns des articles de ces Règlemens qui lui ont paru exiger des développemens & quelques interprétations, Elle a chargé fon Commiffaire de les notifier à l'Affemblée.

Première Partie.

§. 1er.

Du Cérémonial, des formes de la tenue de l'Affemblée Provinciale & des Affemblées de Diftrict, des fonctions des différens Membres ou Officiers defdites Affemblées & autres objets relatifs à leurs formation & organifation intérieures.

Du Commiffaire du Roi.

Le Sieur Intendant, Commiffaire du Roi, fera prévenu en fon hôtel, par deux Membres de l'Affemblée, choifis par le Préfident, l'un dans le Clergé ou la Nobleffe, & l'autre dans le Tiers Etat, que l'Affemblée eft formée, & il fera invité par eux à venir en faire l'ouverture.

Le Commiffaire du Roi fe rendra à l'Affemblée en robe de

cérémonie du Confeil & précédé de fes Hoquetons : arrivé au lieu des féances, il fera reçu au pied de l'efcalier par les deux Procureurs-Syndics; au haut de l'efcalier, par une députation de quatre Membres, choifis par le Préfident, l'un dans le Clergé, un autre dans la Nobleffe, & les deux autres dans le Tiers Etat.

Le Commiffaire du Roi fera reçu dans l'Affemblée, tous les Membres, autres que ceux formant la députation, étant à leurs places, debout & découverts.

Le Commiffaire du Roi fera conduit à un fauteuil d'honneur, élevé d'un dégré, & placé au milieu de l'Affemblée, vis-à-vis de celui du Préfident, qui fera auffi élevé d'un dégré, & en avant du Bureau des Procureurs-Syndics & du Sécrétaire Greffier.

Il fera reconduit avec les mêmes honneurs. Le même cérémonial fera obfervé pour la clôture de l'Affemblée, & toutes les fois que le Commiffaire du Roi entrera à l'Affemblée pour y faire connoître les intentions de Sa Majefté.

Le lendemain de l'ouverture de l'Affemblée, il fera fait une députation, compofée de quatre députés, au Commiffaire du Roi, pour le faluer de la part de l'Affemblée.

Toutes les fois qu'il fera fait mention, dans le Procès verbal, du Sieur Intendant, relativement à fes fonctions vis-à-vis de l'Affemblée, pendant le cours de fes féances, il fera défigné, dans le Procès verbal, fous le titre de *M. le Commiffaire du Roi*.

Lorfqu'il fera queftion d'opérations antérieures à l'Affemblée, ou qui devront la fuivre, Sa Majefté veut que fon Commiffaire départi ne puiffe être défigné dans le Procès verbal, les Rapports & autres Actes de l'Affemblée, que fous le nom de *M. l'Intendant*.

§. 2.

Du Préfident.

Le Préfident fera l'organe de l'Affemblée, pendant le cours de fes féances; c'eft par lui qu'elle correfpondra avec le Confeil de Sa Majefté.

Les Procès verbaux des féances de l'Affemblée feront, jour par jour, fignés du Préfident feul, & contre-fignés du Secrétaire Greffier; celui de la dernière féance fera figné de lui & de tous les Membres de l'Affemblée.

La

La Commiffion intermédiaire étant entièrement fufpendue, &
n'exiftant plus pendant l'Affemblée, tous les paquets de la Cour
& autres, adreffés, foit à l'Affemblée, foit à ladite Commiffion
intermédiaire, feront ouverts dans l'Affemblée par le Préfident.

Les Adjudications qui feroient paffées pendant le cours des
féances de l'Affemblée, feront fignées du Préfident feul, & contre-
fignées par le Secrétaire Greffier.

Les mandats de payement, à expédier pendant la tenue de
l'Affemblée, feront fignés du Préfident & des Commiffaires du
Bureau des fonds & de la comptabilité, & contre-fignés par le
Secrétaire Greffier.

Le Préfident nommera toutes les Députations, propofera la
compofition des Bureaux, ainfi qu'il fera ci-après expliqué, &
il fera, de droit, Membre de tous lefdits Bureaux, qui feront
préfidés par lui lorfqu'il y entrera.

§. 3.

De l'Affemblée.

Tout ce qui eft relatif aux rangs & aux féances, a été prefcrit par le Règlement de formation.

Il n'y aura nulle diftinction entre les Membres choifis par le
Roi, & ceux nommés par l'Affemblée préliminaire.

Ainfi, les rangs, pour les Seigneurs laïcs, ne feront réglés,
dans la prochaine Affemblée, que fuivant leur âge, leur admiffion
étant cenfée de la même époque, c'eft-à-dire, du jour de la
convocation de l'Affemblée complète.

Sa Majefté a ordonné que, pour le Tiers Etat, les féances
feroient fuivant l'ordre des Communautés, qui feroit déterminé
d'après leur contribution.

Nul Membre du Tiers Etat ne pourra être regardé comme
repréfentant une ville où il y a un Corps municipal, s'il n'eft lui-
même un des Officiers municipaux.

S'il fe trouvoit à l'Affemblée deux Députés du Tiers Etat,
demeurant habituellement dans une même ville, celui-là feul
pourra repréfenter fa ville, qui fera Officier municipal ; l'autre
ne pourra repréfenter que la Communauté villageoife dans laquelle
il aura des propriétes.

C

Si l'un ni l'autre n'eſt un des Officiers municipaux, ils ne pourront prendre rang à raiſon de la contribution de la ville où ils demeurent; mais à raiſon de la contribution des communautés où ils poſſéderont des biens.

A l'ouverture de ſes ſéances, l'Aſſemblée aſſiſtera à une Meſſe du Saint-Eſprit.

Les deux frères, le père & le fils, le beau-père & le gendre, ne pourront à l'avenir, être élus à la fois Membres de l'Aſſemblée.

Sa Majeſté autoriſe la prochaine Aſſemblée, à remplacer, pour ſe compléter, ceux des Députés nommés, ſoit par Sa Majeſté, ſoit par l'Aſſemblée préliminaire, qui ſeroient morts depuis, ou qui n'auroient point accepté; mais toutes les nominations ultérieures ſeront faites par les Aſſemblées de Diſtrict, dont les Bureaux intermédiaires ſeront en conſéquence prévenus par la Commiſſion intermédiaire Provinciale, huit jours avant la convocation deſdites Aſſemblées, des remplacemens auxquels elles auront à pourvoir.

Il ſera formé, dans les deux premiers jours de l'Aſſemblée, des Bureaux particuliers, chargés de rédiger & préparer les objets ſur leſquels il devra être délibéré.

Le Préſident propoſera à l'Aſſemblée la compoſition des Bureaux, & y diſtribuera tous les Membres de l'Aſſemblée, en ſuivant, autant que faire ſe pourra, les proportions établies dans la compoſition de l'Aſſemblée.

Il y aura quatre Bureaux; l'un ſera le Bureau de l'impôt; le ſecond, celui des fonds & de la comptabilité; le troiſième, celui des travaux publics; le quatrième, celui de l'agriculture, du commerce & du bien public. Outre ces quatre Bureaux, s'il étoit queſtion d'examiner & de diſcuter une affaire très-importante, elle pourra être confiée à une Commiſſion particulière.

Il ſera auſſi formé une Commiſſion particulière pour la viſite du Greffe & des Archives, & nommé des Commiſſaires pour la rédaction & la réviſion du Procès verbal.

Les délibérations de l'Aſſemblée, pour ſon régime intérieur, ſeront exécutées proviſoirement; mais nulle délibération à exécuter hors de l'Aſſemblée, n'aura d'effet qu'elle n'ait été ſpécialement approuvée par Sa Majeſté.

Aucun Député ne pourra perſonnellement propoſer à l'Aſſemblée, un nouvel objet de délibération, étranger à ceux qui feroient alors difcutés, ni lire aucun Mémoire qu'il n'en ait préalablement prévenu M. le Préfident, & n'ait communiqué fa propofition ou fon mémoire à celui des Bureaux de l'Affemblée qui fe trouvera chargé des objets auxquels feroit analogue la propofition ou le mémoire dudit Député.

Les Procès verbaux de l'Affemblée pourront être livrés à l'impreffion à fur & à mefure de fes féances, & ne feront rendus publics que quinze jours après celui de la clôture.

§. 4.

De la Commiffion intermédiaire.

Après la féparation de l'Affemblée, la Commiffion intermédiaire rentrera en activité.

Elle feule repréfente l'Affemblée, & à un caractère public à cet effet.

Le Préfident de l'Affemblée eft auffi le Préfident de la Commiffion intermédiaire; mais, dans ce fens, qu'il en eft le premier Membre, faifant corps avec elle, & n'ayant fur elle aucune fupériorité.

En conféquence, la correfpondance miniftérielle & celle dans l'intérieur de la Province, après la féparation de l'Affemblée, fe tiendront toujours avec & par la Commiffion intermédiaire.

L'abfence du Préfident, comme celle de tout autre Membre, ne changera rien à la forme de la correfpondance.

Sur les objets importans, le Préfident pourra écrire particulièrement aux Miniftres du Roi, pour appuyer & développer les avis de la Commiffion intermédiaire; mais la lettre feule de la Commiffion intermédiaire fera la dépêche officielle.

Après le protocole d'ufage pour les différentes perfonnes auxquelles elle écrira, la Commiffion intermédiaire terminera ainfi fes lettres :

*Vos très-........ ferviteurs
les Députés compofant la
Commiffion intermédiaire.*

Enfuite tous les Membres préfens, & les Procureurs-Syndics, figneront.

Toutes les adjudications, les mandats de payemens, & autres actes émanés de la Commiſſion intermédiaire, feront ſignés dans la même forme, c'eſt-à-dire, qu'il ſera mis au bas : *par les Députés compoſant la Commiſſion intermédiaire de la province du Rouſſillon.* Enſuite tous les Membres ſigneront.

§. 5.

Des Procureurs-Syndics.

Pour être Procureur-Syndic pour la Nobleſſe & le Clergé, il ne ſera pas néceſſaire qu'un Gentilhomme qui auroit des titres à cette place ſoit Seigneur de paroiſſe ; il ſuffira qu'il ſoit propriétaire d'un fief dans la province.

Les Procureurs-Syndics prendront ſéance dans l'Aſſemblée, à un Bureau placé au milieu de l'Aſſemblée.

Les Procureurs-Syndics feront remettre chaque jour au Commiſſaire du Roi, à la fin de chaque ſéance, une notice ſuccincte & uniquement énonciative, des objets qui auront été diſcutés ou délibérés dans l'Aſſemblée, pour que le Commiſſaire de Sa Majeſté ſoit aſſuré qu'il ne s'y traite aucune matière étrangère aux objets dont elle doit s'occuper.

Lorſqu'un rapport aura été lu & délibéré dans un Bureau, avant qu'il en ſoit fait lecture à l'Aſſemblée, les Procureurs-Syndics feront appelés à ce Bureau pour en prendre communication & donner ſur ledit Mémoire leurs obſervations, s'il y a lieu, ſoit verbalement, ſoit par écrit, tant au Bureau qu'à l'Aſſemblée.

Ils n'auront point voix délibérative dans l'Aſſemblée.

Mais, attendu que la Commiſſion intermédiaire doit toujours ſuivre ponctuellement l'exécution des délibérations de l'Aſſemblée, approuvées par Sa Majeſté, & que les Procureurs-Syndics doivent y concourir, leſdits Procureurs-Syndics auront voix délibérative dans la Commiſſion intermédiaire ; ils n'auront à eux deux qu'une ſeule voix, qui ſera prépondérante en cas de partage. Si leurs opinions diffèrent, leurs voix ſe détruiront & ne ſeront point comptées ; &, dans le cas où les autres voix ſeroient partagées, celle du Préſident aura la prépondérance.

Les Procureurs-Syndics écriront, en nom collectif, ſur tous

[21]

les objets de correspondance qu'ils devront suivre, & après avoir
énoncé leur qualité de *Procureurs-Syndics de la Généralité de.....*
ils figneront ; fi un des Procureurs-Syndics étoit abfent, la lettre
feroit toujours écrite en nom collectif, & un feul figneroit.

Ils ne pourront intervenir dans aucune affaire, fans une délibération de l'Affemblée ou de fa Commiffion intermédiaire,
& n'agiront d'ailleurs fur aucun objet relatif à l'adminiftration
de la province, que de concert avec la Commiffion intermédiaire.

Ce qui vient d'être prefcrit pour les Procureurs - Syndics de
l'Affemblée provinciale, fera également obfervé pour les Syndics
des Affemblées de diftrict, en tout ce qui leur eft commun.

§. 6.

Affemblées de diftrict.

Les Affemblées de diftrict fe tiendront dans le mois d'Octobre
de chaque année.

Elles ne pourront durer plus de quinze jours: le jour précis de
leur convocation fera fixé par le Préfident de l'Affemblée, qui fe
concertera à ce fujet avec le Bureau intermédiaire.

Lorfque le jour en aura été arrêté, & ce jour ne pourra être
indiqué plus tard que le 15 dudit mois d'Octobre, afin que toutes
les Affemblees de diftrict de la province foient clofes & terminées le 30 du même mois au plus tard ; le Préfident en
préviendra la Commiffion intermédiaire provinciale un mois à
l'avance, & avertira les Députés, qui devront être convoqués,
de l'époque précife de l'ouverture de l'Affemblée, par une lettre
fignée de lui.

Sa Majefté a jugé qu'il étoit indifpenfable que les Affemblées
de diftrict évitaffent la dépenfe de l'impreffion de leurs Procès
verbaux; mais s'ils contiennent quelque rapport ou mémoire qui,
par l'utilité de fes vues & le mérite de fa rédaction, foit de
nature à fixer l'attention de l'Affemblée provinciale, & qui lui
paroiffe mériter une diftinction particulière, l'Affemblée provinciale
pourra délibérer de l'inférer dans fon Procès verbal ou à la fuite;
& ce mémoire fera alors imprimé avec le Procès verbal de
l'Affemblée provinciale, dont il fera partie.

L'Affemblée de diftrict fera toujours former trois expéditions de ces Procès verbaux, & ces trois expéditions feront adreffées par elle à la Commiffion intermédiaire provinciale, laquelle enverra la première, avec fes obfervations, au Sieur Contrôleur général des finances; la feconde au Sieur Intendant & Commiffaire départi, & la troifième reftera dépofée dans les archives de l'Affemblée provinciale.

Les Affemblées de diftrict auront foin de fe conformer exactement aux délibérations de l'Affemblée provinciale, lorfquelles auront été aprouvées par Sa Majefté, & elles fentiront que tout le bien qu'elles défireront procurer à leur diftrict ne pourra s'opérer que par un concert & une harmonie réciproque entr'elles & l'Affemblée fupérieure.

§. 7.

Des Bureaux intermédiaires.

Les Bureaux intermédiaires des Affemblées de diftrict fe conformeront ponctuellement & littéralement à tout ce qui leur aura été prefcrit, tant par l'Affemblée de diftrict que par la Commiffion intermédiaire provinciale.

Comme les Affemblées de diftrict & leurs Bureaux intermédiaires font le lien réciproque entre les Affemblées municipales & l'Affemblée provinciale, & entre l'Affemblée provinciale & les Affemblées municipales, il ne fera rien prefcrit, ni fait aucune difpofition par la Commiffion intermédiaire provinciale à l'égard d'aucune Ville & Communauté, ou d'aucuns Contribuables & Habitans d'un diftrict quelconque, que par la voie du Bureau intermédiaire dudit diftrict, & qu'après que ledit Bureau intermédiaire aura été préalablement entendu.

Sa Majefté recommande, en conféquence, aux Bureaux intermédiaires de mettre la plus prompte exactitude & la plus grande célérité dans toutes leurs relations & leur correfpondance avec la Commiffion intermédiaire provinciale.

Lorfqu'un Bureau intermédiaire croira devoir faire imprimer quelques lettres circulaires, quelques états, & autres objets à adreffer aux Affemblées municipales, & dont les modèles ne lui auroient pas été donnés par la Commiffion intermédiaire provinciale, il les communiquera préalablement à ladite Commiffion intermédiaire, pour qu'elle foit toujours à portée de maintenir, dans toute la Province, l'unité des principes, des formes & des méthodes. Au furplus, ce qui a été prefcrit ci-deffus au §. 4. de la Commiffion intermédiaire, fera auffi obfervé par les Bureaux intermédiaires, en tout ce qui leur eft applicable.

§. 8.

De l'examen des nominations pour les Affemblées Municipales, pour les Affemblées de diftrict, & pour l'Affemblée provinciale.

La volonté de Sa Majefté eft que les Syndics des Affemblées de diftrict, & fubfidiairement les Procureurs-Syndics de l'Affem-blée provinciale, donnent la plus grande attention à l'examen de toutes les délibérations concernant les nominations des Députés des Affemblées municipales & provoquent à l'avenir la réformation de celles qui feroient irrégulières.

Sa Majefté défire cependant que, d'après les tableaux qu'Elle a ordonné aux Affemblées de diftrict de faire former, l'Affemblée provinciale examine s'il ne feroit pas convenable de mettre dans le taux d'impofition qui avoit été fixé uniformément à *Dix* livres pour être admis dans les Affemblées paroiffiales, & à *Trente* livres dans les Affemblées municipales, quelques proportions relatives à l'état d'aifance ou de pauvreté des Communautés des campagnes, qui réfulte toujours ou de la nature du fol, ou du genre de culture, ou, enfin, du plus ou moins d'induftrie auquel fe livrent les habitans de ces Communautés.

D'après les obfervations que préfenteront fur cet objet les différentes Affemblées provinciales, Sa Majefté fera connoître à cet égard fes intentions avant le mois d'Octobre 1788.

A compter de cette époque, les Syndics des Affemblées de de diftrict donneront avis aux Procureurs-Syndics, des irrégula-rités qu'ils auroient pu remarquer dans les délibérations paroif-fiales ou les nominations qui y auroient été faites, & leur en-verront un mémoire détaillé, & figné d'eux, fur chaque no-mination irrégulière.

Les Procureurs-Syndics mettront lefdits mémoires fous les yeux de la Commiffion intermédiaire ou de l'Affemblée provinciale, qui y joindra fes obfervations, & enverra le tout au Contrôleur général des finances, pour y être ftatué ainfi qu'il appartiendra, fur l'avis de M. l'Intendant.

Quant aux nominations irrégulières, qui pourroient être faites pour les Affemblées de diftrict par celles d'arrondiffement, ou pour l'Affemblée provinciale par celles de diftrict, Sa Majefté veut que la réformation en foit pourfuivie, par les Procureurs-Syndics, au Confeil, qui y ftatuera après avoir entendu les obfervations & l'avis de M. l'Intendant.

Mais les Procureurs-Syndics informeront des diligences par eux faites, à cet effet, l'Affemblée de diftrict ou l'Affemblée provinciale, fuivant l'élection pour l'une ou l'autre Affemblée, par eux arguée d'irrégularité, afin que ladite Affemblée puiffe, le jour même de l'ouverture de fes féances, délibérer s'il y aura lieu d'admettre provifoirement, ou non, la perfonne dont la nomination fera conteftée.

Deuxième Partie.

Des fonctions des différentes Affemblées, & de leurs relations avec M. l'Intendant.

§. Ier.

Affemblées Municipales.

En foumettant, par l'article Ier. du Règlement du 5 Août, les Affemblées municipales, tant aux ordres qu'elles recevront au nom Roi, par la voie de M. l'Intendant, qu'à ce qui leur feroit prefcrit, foit par l'Affemblée provinciale, foit par l'Affemblée de diftrict, foit enfin par les Commiffion & Bureaux intermédiaires, Sa Majefté n'a point entendu que MM. les Intendans & les Affemblées provinciales ou celles de diftrict, puffent indifféremment donner des ordres ou des inftructions aux Affemblées municipales fur les mêmes objets, mais refpectivement fur ceux qui leur feroient attribués.

L'intention

L'intention de Sa Majesté est de diminuer le nombre des rôles qui avoit été porté à cinq par l'article III; mais, à cet égard, Sa Majesté suspendra sa détermination, & l'Assemblée provinciale reconnoîtra que, par le vœu qu'elle fera dans le cas de présenter sur le mode de répartition des différentes natures d'impositions, elle peut procurer à la province une grande économie, en réunissant plusieurs de ces impositions dans un seul & même rôle, qui seroit seulement divisé en plusieurs colonnes. L'Assemblée provinciale remplira les intentions de Sa Majesté, en proposant le mode de répartition le plus juste & le moins dispendieux.

M. l'Intendant fera cependant connoître, dès à présent, à l'Assemblée provinciale, sur la répartition de la Capitation des Nobles, Privilégiés, &c., que ce rôle, au lieu d'être fait, comme le prescrivoit l'article III, par chaque Assemblée municipale, le fera par le Bureau intermédiaire de chaque district, pour tous les Nobles, Privilégiés, &c. compris dans son district, en le divisant toutefois par paroisses. Il sera fait, de ce rôle, deux expéditions, qui seront toutes deux remises à M. l'Intendant par la voie des Procureurs-Syndics, pour être adressés au Conseil. Lorsque ce rôle y aura été arrêté, M. l'Intendant en renverra l'expédition en forme au Bureau intermédiaire, pareillement par la voie des Procureurs-Syndics, pour qu'il soit déposé dans ses archives, & rendra en même temps exécutoires les extraits de ce rôle qui lui auront été envoyés par le Bureau intermédiaire, pour chaque paroisse ou communauté: ces extraits seront ensuite adressés, par le Bureau intermédiaire, à chaque Assemblée municipale, pour être mis en recouvrement. Par ce moyen, le taux uniforme, réglé par l'Assemblée de district, recevra plus facilement son application; la dépense de la confection d'un rôle particulier, sera épargnée aux Assemblées municipales, &, cependant, chaque contribuable, demeurant dans une paroisse, payera ses impositions dans la même paroisse, selon les intentions de Sa Majesté.

Le nombre des triples expéditions des rôles, qui avoient été prescrites par l'article IV, sera infiniment diminué, d'après ce que Sa Majesté aura statué définitivement sur l'article III; ainsi le bien & l'économie, à opérer sur cette disposition, résultera également du vœu qui sera présenté à Sa Majesté par l'Assemblée provinciale.

D

Les précautions indiquées par l'article V, ont pour objet de prévenir les divertiffemens de deniers ; fi l'exécution peut en paroître difficile dans les commencemens, pour les petites paroiffes, elle s'établira fucceffivement par l'habitude & les inftructions des Affemblées fupérieures, & les avantages en font fi frappans pour tous les contribuables, que l'Affemblée provinciale ne négligera certainement aucuns moyens, auprès des Affemblées municipales, pour affurer l'exacte obfervation de ces vérifications.

A l'égard des réparations ou reconftructions des nefs des églifes ou des Presbytères, dont il eft fait mention en l'article IX, lorfque ces réparations feront demandées par l'Affemblée municipale de la paroiffe, elle s'adreffera à l'Affemblée ou Bureau intermédiaire de diftrict, qui nommera les Ingénieurs ou Sous-Ingenieurs du département, pour dreffer les devis & détails eftimatifs.

Lorfque la demande fera formée par une partie feulement des habitans, ou par le Curé feul, le mémoire fera préfenté au Bureau intermédiaire de diftrict, qui le fera communiquer à l'Affemblée municipale. Si l'Affemblée municipale confent aux reconftructions ou réparations demandées, le Bureau intermédiaire chargera l'Ingénieur de dreffer les devis. S'il y a contradiction ou oppofition de la part de l'Affemblée muninipale, alors, dans le cas où l'affaire ne pourroit être terminée par le Bureau intermédiaire, par voie de conciliation, elle deviendroit contentieufe, & le Bureau intermédiaire renverroit les parties à fe pourvoir pardevant M. l'Intendant.

Avant fon jugement, M. l'Intendant pourra nommer tel Expert qu'il jugera à propos, pour conftater l'état des lieux, & éclairer fa religion ; mais fon jugement rendu, il commettra toujours, pour dreffer les devis, l'Ingénieur du département.

Les Ingénieurs, Infpecteurs & Sous-Ingénieurs de la province, feront tous les devis dont il feront chargés, fans aucune rétribution particulière pour aucune de ces opérations ; ce qui tournera au foulagement des communautés, fauf à l'Affemblée provinciale à avoir égard, dans la fixation des traitemens de ces Ingénieurs & des gratifications qui feront par elle propofées en leur faveur, au fupplément de travail qui réfultera pour eux de ces nouvelles occupations.

L'Article X fera exécuté felon fa forme & teneur ; Sa Majefté exhorte feulement l'Affemblée Provinciale, à compofer, dans la ville où eft la réfidence de M. l'Intendant, un Confeil de trois Avocats, au plus, qui feront rétribués par la province, & choifis par l'Affemblée provinciale. Les Avocats qui compoferoient ce Confeil, ne pourroient néanmoins être nommés par l'Affemblée que pour deux ans, au plus, fauf à les continuer pour deux autres années, & ainfi de fuite, s'il y avoit lieu, d'après le compte qui feroit rendu par la Commiffion intermédiaire, de leur exactitude & de l'utilité de leur travail pour les Communautés de la Province.

Les Communautés d'habitans feroient tenues d'envoyer les pièces ou mémoires relatifs aux conteftations, dans lefquelles elles auroient intérêt, à la Commiffion intermédiaire provinciale, qui les feroit examiner par lefdits Avocats, & leur confultation, remife enfuite à la Commiffion intermédiaire, fera par elle renvoyée auxdites Communautés d'habitans, pour être jointe à la requête que ces Communautés pourroient alors préfenter à M. l'Intendant, pour obtenir de lui, s'il le jugeoit convenable, la permiffion de plaider. Les Communautés d'habitans feroient ainfi difpenfées de fe procurer la confultation d'aucun autre Avocat.

Par l'article XI, Sa Majefté avoit autorifé les Affemblées municipales à délibérer fur la fixation des traitemens de leurs Syndics & de leurs Greffiers, mais Sa Majefté défire que l'Affemblée provinciale examine s'il ne feroit pas poffible de n'accorder aucun traitement fixe aux Syndics & Greffiers, fauf à leur allouer, à la fin de chaque année, les dépenfes qu'ils juftifieroient avoir faites pour l'intérêt de la Communauté.

§. 2.

Des Affemblées de diftrict.

Le Roi a ordonné, par l'article 1er., qu'il ne feroit fait aucune levée de deniers qu'elle n'eût été préalablement ordonnée par fon Confeil, lorfque la dépenfe excéderoit cinq cens livres, ou par le Commiffaire départi, lorfqu'elle feroit au-deffous de cette fomme.

Sa Majefté voulant concilier, avec ce qu'elle doit à fon autorité, les témoignages de confiance qu'Elle eft difpofée a accorder à fon Affemblée provinciale, veut bien confentir à ce que les dépenfes qui feroient inférieures à cinq cens livres, foient impofées fur les communautés, lorfqu'elles auront été approuvées par l'Affemblée provinciale, ou fa Commiffion intermédiaire, dont la délibération, prife à cet effet, fera vifée par M. l'Intendant; mais l'intention de Sa Majefté eft que, tous les fix mois, il foit adreffé au Confeil, par l'Affemblée provinciale, un projet d'Arrêt, à l'effet de valider lefdites impofitions.

En ordonnant, par l'article V, que les Affemblées de diftrict fe conformeroient aux ordres qui leur feroient adreffés, foit au nom de Sa Majefté, foit par l'Affemblée provinciale, Sa Majefté n'a point entendu de changer l'ordre de correfpondance qu'Elle a établie. Ses intentions ne parviendront jamais à l'Affemblée de diftrict que par l'Affemblée provinciale; mais Elle a voulu faire connoître que les Affemblées de diftrict feroient tenues de fe conformer, non-feulement à ce que Sa Majefté auroit expreffément ordonné, mais encore à ce que l'Affemblée provinciale auroit cru jufte & convenable de leur prefcrire, quand bien même elle n'y auroit point été précédemment autorifée par un ordre fpécial de Sa Majefté.

§. 3.

De l'Affemblée provinciale.

Toutes les dépenfes qui feront délibérées par l'Affemblée provinciale, conformément à l'article 1er., ne feront point pour cela un objet d'impofition nouvelle: l'intention de Sa Majefté étant de remettre à la difpofition de l'Affemblée provinciale l'emploi des fonds déjà impofés, appartenans à la province, comme il fera ci-après expliqué. L'Affemblée provinciale n'auroit à propofer d'impofitions pour les dépenfes de la province, au-delà de ces fonds, que dans le cas où ils ne lui paroîtroient pas fuffifans pour fubvenir aux befoins indifpenfables de ladite province.

§. 4.

Des fonctions respectives de l'Intendant de la province & de l'Assemblée provinciale.

Les Commission & Bureaux intermédiaires ne pouvant prendre aucune délibération contraire à ce qui leur aura été prescrit par les Assemblées qu'ils représentent, & celles qu'ils prendroient ne pouvant être relatives qu'à l'exécution de celles de l'Assemblée, déjà connues du Conseil & de son Commissaire départi, ou à des dépenses de circonstances imprévues, pour lesquelles l'autorisation de Sa Majesté, sur l'avis du sieur Intendant, est nécessaire; Sa Majesté dispense les Commission & Bureaux intermédiaires de l'exécution de l'article V.

Sa Majesté, en développant ses intentions sur l'exécution des articles VI & VII, veut que M. l'Intendant & l'Assemblée provinciale se communiquent respectivement tous les éclaircissemens dont ils auront réciproquement besoin pour le plus grand bien du service de Sa Majesté & celui de la province : n'entendant au surplus, Sa Majesté, interdire à l'Assemblée les observations qu'elle estimera utiles au bien de la province, sur tous les objets précédemment autorisés, qui n'auroient point encore reçu leur entière exécution.

Lorsque la Commission intermédiaire de l'Assemblée provinciale connoîtra plus particulièrement les objets d'Administration qu'elle aura à traiter, elle sera à portée de reconnoître en quoi consistent les objets de correspondance, courante & habituelle, qui doivent être adressés au Conseil, pour la plus grande célérité du service, par la voie de M. l'Intendant.

Dans le cas où M. l'Intendant croiroit devoir présenter au Conseil des observations, dont la rédaction exigeroit quelque délai, il ne pourra, par ce motif, retarder l'envoi des dépêches qui lui auront été remises par la Commission intermédiaire, sauf à annoncer les observations ultérieures qu'il se proposera d'envoyer.

Pour résumer, la correspondance de forme & celle qui a lieu chaque année, aux mêmes époques, pour les opérations du département & autres, aura lieu par la voie de M. l'Intendant. La Commiſſion intermédiaire répondra auſſi à toutes les lettres qui lui auront été écrites par les Miniſtres de Sa Majeſté ou ſes Intendans des Finances, par la voie de M. l'Intendant, ſinon elle lui fera remettre des copies de ſes réponſes. A l'égard de toutes les lettres qu'elle ſera dans le cas d'écrire la première, elle aura l'option de les adreſſer directement, ou par la voie de M. l'Intendant.

Dans le cas où il s'exécuteroit, ainſi que l'avoit prévu l'article XI, des ouvrages, partie ſur les fonds du Roi, & partie ſur les fonds de la province, Sa Majeſté a conſidéré que la ſurveillance de ſon Commiſſaire départi ſeroit plus utile au bien de ſon ſervice, lorſque ſon avis ſeroit poſtérieur à la délibération de la Commiſſion intermédiaire : en conséquence, l'intention de Sa Majeſté eſt que ſon Commiſſaire départi ne prenne point part aux délibérations qui ſeroient priſes par la Commiſſion intermédiaire ſur les ouvrages de ce genre ; mais qu'aucune de ces délibérations ne puiſſe avoir ſon effet qu'après avoir été homo-loguée par lui, s'il y a lieu ; & qu'enfin toutes les ordonnances de payement ſur les fonds du Roi ſoient par lui délivrées, & enſuite par lui renvoyées à la Commiſſion intermédiaire, pour être viſées par elle, & remiſes à l'Adjudicataire. A l'égard des payemens ſur les fonds de la province, ils auront lieu comme il ſera expliqué ci-après à l'article des Ponts & Chauſſées.

Enfin, ſur les articles XIII & XIV, Sa Majeſté veut pareillement que les comptes ſoient examinés & vérifiés par la Commiſſion intermédiaire, à laquelle M. l'Intendant n'aſſiſtera point, mais ces comptes lui ſeront enſuite remis, pour être par lui reviſés & clos & arrêtés par ſon ordonnance.

Troiſième Partie.

Impoſitions ordinaires.

L'intention de Sa Majeſté eſt que M. l'Intendant remette à l'Aſſemblée provinciale, 1°. Une copie du brevet général de l'année prochaine 1788.

2°. Un tableau contenant la diftribution, par viguerie, de l'impofition ordinaire & de la capitation, & un état détaillé des différens rôles particuliers de capitation, expédiés pour les Nobles, Privilégiés, Officiers de Juftice, &c.

3°. Une copie de l'Arrêt du Confeil, qu'il eft d'ufage d'expédier annuellement, pour autorifer ladite diftribution des fommes comprifes dans le brevet général.

4°. Une copie pour chaque viguerie du département de 1788, fur les différentes villes & communautés.

5°. Un état qui fera connoître le montant des fonds appartenans à la province, pour la dépenfe des Ponts & Chauffées & autres ouvrages d'art.

6°. Un état détaillé des fommes qui compofent l'impofition ordinaire, & qui font deftinées à acquitter différentes dépenfes à faire dans la province, dans lequel état feront diftinguées les dépenfes militaires, & autres relatives au fervice de Sa Majefté, qui paroîtront devoir continuer d'être à la difpofition de M. l'Intendant.

7°. Un état des fonds qui font partie de la capitation, & connus fous la dénomination des *fonds libres de la capitation*; dans lefquels doivent pareillement être diftingués les frais des Bureaux de l'Intendance, & autres dépenfes de ce genre, qui devront continuer de dépendre de l'adminiftration de M. l'Intendant.

Si M. l'Intendant ne pouvoit remettre tous ces états à l'Affemblée, à l'ouverture de fes féances, il les lui fera remettre dans les huit premiers jours de fa tenue.

D'après tous ces renfeignemens, l'Affemblée provinciale connoîtra la pofition de la province, fous le rapport des Impofitions, & fera à portée de connoître les bafes actuelles de la répartition.

Elle cherchera les moyens de l'améliorer, fera les comparaifons qui lui paroîtront poffibles de viguerie à viguerie, indiquera aux Affemblées de diftricts comment elles devront faire par elles-mêmes ou par leurs Bureaux intermédiaires, celles de paroiffe à paroiffe, pour perfectionner de plus en plus la répartition.

Elle examinera pareillement l'objet des contraintes relatives au recouvrement, recherchera les moyens de les fimplifier, ou de les adoucir, s'il y a lieu.

Enfin, elle ne négligera rien, principalement en ce qui concerne la répartition des Impositions qui portent fur la claffe la moins aifée, pour feconder les vues dont Sa Majefté eft animée, pour qu'aucun de fes fujets ne paye dans une proportion plus forte que les autres contribuables.

Quatrième Partie.

Vingtièmes.

Par fon Édit du mois de Septembre dernier, le Roi a ordonné la perception de l'impofition des vingtièmes dans toutes les provinces de fon royaume, felon les véritables principes de cette impofition, établie par l'Édit de Mai 1749.

Par les difpofitions de l'Édit de 1749, tous les biens-fonds du royaume avoient été foumis à cette impofition, fans aucune exception; les apanages des Princes & les domaines engagés y étoient affujettis. Ce n'eft que poftérieurement & par des actes particuliers d'adminiftration, que la forme & l'affiette de l'impofition ont varié à l'égard d'une partie des Contribuables.

Les circonftances préfentes exigeant un fupplément de revenus, Sa Majefté a reconnu que l'impofition des vingtièmes, perçue d'une manière uniforme, offroit un moyen d'autant plus jufte de fe le procurer, que ce moyen ne fera que rétablir la proportion de l'impofition, à l'égard de ceux des Propriétaires qui ne l'acquittoient qu'incomplétement, fans qu'il en réfulte, pour ceux qui payoient exactement les vingtièmes & quatre fous pour livre du premier vingtième de leurs revenus, aucune efpèce d'augmentation.

Ainfi, l'Edit du mois de Septembre ne contient réellement de difpofitions nouvelles que celles qui affujettiffent auffi à l'impofition des vingtièmes, le Domaine même de la Couronne, & font ceffer les exceptions qui s'étoient introduites à l'égard de quelques propriétaires; & il ne contient rien d'ailleurs qui n'ait déjà été prefcrit par l'Édit de Mai 1749, & les Lois générales fubféquentes.

L'ordre à maintenir dans la rentrée des deniers royaux ne
pouvant

pouvant point permettre que l'arrêté des Rôles de l'année prochaine 1788, foit différé au-delà de l'époque ordinaire du 1er. Janvier, il n'eût pas été poffible, dans un intervalle de temps auffi
court, de terminer, avec les développemens & détails néceffaires, une opération générale qui ne doit avoir rien de vague
ni d'arbitraire. L'intention de Sa Majefté eft que tous les réfultats de ce travail portent fur des bafes que les Contribuables
eux-mêmes ne puiffent défavouer; Elle veut que la plus grande
publicité démontre avec évidence, la juftefle & la précifion des
travaux qui feront faits en exécution de fes ordres.

Sa Majefté a donc ordonné que, pour l'année 1788, les Rôles
des vingtièmes feroient faits provifoirement, pour être mis en
recouvrement pendant les fix premiers mois feulement, dans la
proportion de moitié des cotes de 1787, en fe réfervant de faire
expédier, pour être mis en recouvrement au 1er. Juillet 1788,
un Rôle définitif, qui contiendra les cotes, véritablement pro-
portionnées aux revenus effectifs des biens qui y feront foumis,
à la déduction des fommes qui auront été provifoirement payées
en exécution du premier Rôle.

C'eft par l'effet de ces mefures, que fa fageffe lui a infpirées,
que le Roi trouvera, dans la perception des vingtièmes, les
reffources qu'exigent les circonftances : mais l'intention de Sa
Majefté n'eft pas de refufer, à celles des provinces de fon royaume
qui le défireroient, les avantages qu'elles pourroient appercevoir
dans une fixation déterminée de cette impofition, après les avoir
mifes à portée de connoître elles-mêmes la jufte proportion dans
laquelle elles feroient dans le cas d'y contribuer.

Mais la faveur d'un abonnement ne pourra être accordée qu'à
celles dont les offres feroient relatives à leurs véritables facultés,
& correfpondroient à la fomme que le Roi retireroit de l'impofition, s'il jugeoit à propos de la faire percevoir en exécution
de fes ordres.

Sa Majefté fe portera, d'autant plus volontiers à faire jouir
les provinces de fon royaume de cette faveur, que, par l'effet
de l'abonnement, les recherches qui feroient néceffaires, n'auroient plus alors pour objet aucune augmentation de recette
pour fon Tréfor royal, mais fimplement une juftice plus exacte
dans l'affiette de l'impôt, ce qui adouciroit, aux yeux des con-

E

tribuables, ces mêmes recherches indifpenfables pour atteindre le but propofé.

Pour connoître quelle feroit la proportion dans laquelle chaque province feroit tenue de contribuer au produit de l'impôt, Sa Majefté s'eft fait remettre, 1°. l'état des rôles de 1756; 2°. celui des rôles de 1787; 3°. des états particuliers des travaux faits par l'Adminiftration des vingtièmes, & d'après lefquels les augmentations fucceffives ont été opérées.

L'examen de ces différens états a mis Sa Majefté a portée de juger, par le produit des travaux faits, de celui qu'il étoit poffible d'efpérer par l'effet des travaux qui reftent à faire; & les calculs les plus exacts, mais les plus modérés, ont fait connoître la quotité de la fomme qui doit être acquittée par chaque province, & qui doit être le prix de fon abonnement.

D'après tous ces détails, M. l'Intendant fera connoître à l'Affemblée provinciale que les vingtièmes de la province du Rouffillon, perçus au profit de Sa Majefté, ont été eftimés devoir produire au moins la fomme de quatre cens trente-quatre mille livres.

Si le vœu de l'Affemblée étoit de folliciter un abonnement de pareille fomme, & qu'elle eût pris une délibération à cet effet, cette délibération fera envôyée au Confeil par le Préfident de l'Affemblée; & lorfque l'abonnement aura été accordé par le Roi, M. l'Intendant remettra à l'Affemblée tous les renfeignemens qui auront fervi de bafe à la quotité de l'impofition, & l'Affemblée fera alors chargée de la répartition de la fomme à laquelle le Roi aura fixé l'abonnement.

En énonçant le vœu d'obtenir un abonnement, l'Affemblée provinciale pourra adreffer à Sa Majefté & à fon Confeil, tels mémoires & calculs qu'elle croira devoir préfenter, à l'effet d'obtenir une modération fur la fomme annoncée; & le Roi, d'après le compte qui lui en fera rendu en fon Confeil, y aura tel égard que Sa Majefté jugera convenable; mais l'intention de Sa Majefté eft que l'Affemblée remette un double defdites obfervations à M. l'Intendant, & qu'elle envoie fa délibération affez tôt pour que Sa Maiefté puiffe lui faire connoître fes intentions définitives avant fa féparation.

Dans le cas où l'Affemblée ne fe détermineroit pas à demander au Roi l'abonnement des vingtièmes, M. l'Intendant annoncera à l'Assemblée que Sa Majesté donnera les ordres nécessaires pour que les rôles soient faits en la manière accoutumée, & il l'assurera d'ailleurs qu'il sera pris les précautions les plus positives, pour que les propriétaires, dont les taxes se trouveront dans le cas d'être augmentées, ne soient, en aucun cas, exposés à payer au-delà des deux vingtièmes & quatre sous pour livre du premier, de leurs revenus effectifs, aux déductions portées par les lois & règlemens.

Cinquième Partie.

Agriculture & Bien public.

Sa Majesté, depuis son avènement au Trône, n'a cessé de donner des preuves de la protection qu'elle accorde à tout ce qui concerne l'Agriculture, persuadée que c'est dans cette source de productions, toujours renaissantes, que réside la force de l'Etat, & qu'elle est la principale base de la prospérité publique.

Un des plus grands bienfaits que Sa Majesté pût procurer à l'Agriculture, étoit l'abolition de la corvée : elle n'existe plus, & la prestation qui la remplace, a le double avantage de ne plus arracher aux travaux de la campagne les bras qui leurs étoient nécessaires, & de les occuper, en les salariant, pendant la saison où ils étoient en grande partie désœuvrés.

En même tems, Sa Majesté a voulu assurer au cultivateur & au propriétaire la libre disposition des productions qu'ils auroient fait naître. La circulation des grains est libre dans tout le royaume ; & le vœu des Notables secondant les vues que lui avoit inspirées sa sagesse, Sa Majesté a permis, par sa déclaration du 17 Juin dernier, la libre exportation des grains à l'Etranger, en se réservant de ne la suspendre que dans les circonstances où les Etats & Assemblées provinciales croiroient indispensable de demander cette suspension.

Enfin, en méditant & préparant ces deux lois, qui feront les fondemens de la prospérité de l'Agriculture, Sa Majesté encourageoit & facilitoit tous les moyens d'en accélérer les progrès.

Des inſtructions ont été publiées, des graines diſtribuées, &
de nouvelles cultures introduites dans les provinces où elles
avoient été juſqu'alors inconnues.

Mais les vues qui ont déterminé Sa Majeſté à établir des Aſſemblées provinciales dans les différentes provinces de ſon royaume,
ne ſeroient point complètement remplies, ſi leur établiſſement
ne devenoit point une époque précieuſe pour les cultivateurs.
Aucune diſpoſition ne peut être faite, aucune entrepriſe ne peut
être formée en adminiſtration, qu'elle n'influe ſur l'Agriculture :
l'inégalité dans la diſtribution des impôts, lui ôte ſon reſſort &
ſon énergie ; elle ſe ranime lorſque le fardeau eſt diſtribué avec
juſtice & avec proportion : l'ouverture d'une route ou d'un canal
de navigation peut tripler & quadrupler la valeur territoriale de
tout un canton ou d'une province entière : ainſi l'Agriculture
ſouffre de tous les abus; ainſi elle profite de tout le bien que
l'on opère.

Les Aſſemblées provinciales, que Sa Majeſté vient d'établir,
ſaiſiront tous ces rapports ; elles ſentiront d'ailleurs que le moyen
le plus naturel d'alléger les charges publiques, eſt d'augmenter
la richeſſe territoriale, & elles dirigeront vers ce but une partie
de leurs ſoins & de leur activité.

Pluſieurs objets peuvent donc fixer leur attention relativement
à l'Agriculture.

Engrais. En comparant les différentes provinces du royaume, ſoit
entre elles, ſoit avec celles des royaumes voiſins où la culture eſt
plus floriſſante, on doit croire que ſi les récoltes ſont médiocres,
même dans des terreins fertiles, ſi les eſſais qu'on a faits pour
tirer partie des jachères ont été infructueux, ſi, enfin, les nouvelles cultures qu'on a cherché à y introduire n'ont pas eu tout
le ſuccès dont on s'étoit flatté, c'eſt au défaut du fumier &
d'engrais qu'on doit principalement en attribuer la cauſe;
& ce défaut d'engrais, annonce l'inſuffiſance du nombre des
beſtiaux.

Beſtiaux. Les Aſſemblées provinciales doivent donc s'occuper des moyens
d'introduire dans les campagnes un ſyſtême de culture propre à
les augmenter : avant de chercher à les multiplier, il faut aſſurer
leur ſubſiſtance.

Un des principaux moyens pour y parvenir, eſt la formation des prairies artificielles ; & il eſt à déſirer que les Aſſemblées provinciales s'attachent à favoriſer ce genre de culture. Indépendamment des inſtructions qu'elles peuvent publier, des diſtributions gratuites de graines, au moins ſous la forme de prêt, feroient un grand encouragement : enfin, pour mieux lier l'intérêt de multiplier le nombre des beſtiaux avec celui d'augmenter les pâturages, les Aſſemblées provinciales pourroient propoſer des gratifications en beſtiaux aux cultivateurs, qui auroient établi, ſur leur exploitation, & mis en bon rapport, un certain nombre d'arpens de prairies artificielles.

Prairies artificielles

Les turneps, les betteraves champêtres & les pômmes de terre, cultivées en plein champ, & à la quantité de pluſieurs arpens, fourniſſent encore une reſſource également précieuſe pour la ſubſiſtance des animaux pendant l'hiver.

Turneps, &c.

M. l'Intendant remettra à l'Aſſemblée un exemplaire des Inſtructions que Sa Majeſté a fait rédiger & publier ſur ces différens objets : peut-être ne ſont-elles point applicables à tous les ſols & à tous les climats ; mais elles mettront ſur la voie les cultivateurs des différentes provinces, qui en modifieront les procédés, d'après les circonſtances locales & leurs obſervations.

Un autre moyen de multiplier les engrais, ſans augmenter la conſommation de paille, eſt de faire parquer les bêtes à laine ; & c'eſt l'objet d'une autre Inſtruction rédigée par les ordres de Sa Majeſté en 1785.

Les Aſſemblées provinciales, en s'occupant de la multiplication des beſtiaux, conſidérés comme un moyen de produire des engrais, ne doivent point perdre de vue tout ce peut contribuer à en perfectionner les races, ſur-tout celles de bêtes à laine. Le mâle influe néceſſairement ſur la qualité de la laine de tout le troupeau : ainſi, pour améliorer en peu de temps les laines d'une province, il ne s'agit que d'en changer les béliers : on y parviendroit plus promptement par l'acquiſition de béliers étrangers, que l'on diſtribueroit aux cultivateurs les plus intelligens ; on le peut encore à moins de frais, en choiſiſſant

Laine.

conftamment, dans des races originairement médiocres, les plus beaux individus pour les renouveller.

Bestiaux aratoires. Les beftiaux peuvent encore être confidérés fous un autre point de vue par les Affemblées provinciales : ils partagent avec les hommes le travail de la culture des terres, &, fous ce rapport, les Affemblées provinciales auroient à examiner fi, dans telle partie de la province, la culture avec les chevaux, ou réciproquement celle avec les bœufs, ne feroit pas préférable, & fi les ufages fuivis à cet égard font bien adaptés à la nature du fol & aux circonftances locales.

Labour. Un grand nombre d'autres pratiques particulières paroiffent indifférentes au premier coup d'œil, qui influent cependant fur le fyftême d'Agriculture de toute une province. En Flandre, dans une partie de la Picardie, en Suiffe, on laboure & on sème à plat les blés, comme les avoines; on les recouvre à la herfe, on les roule, & l'on peut enfuite les récolter à la faux, comme on le pratique généralement en Flandre.

On y gagne plus de célérité pour les travaux des fémailles & pour ceux des récoltes, l'avantage de faifir les bons momens, une économie dans les frais, plus de sûreté pour la rentrée des grains, une plus grande longueur de paille, & le produit de la partie du terrein qui, lorfqu'on le laboure en planches, forme le fond d'un fillon, &, par conféquent, ne produit rien.

Cet objet femble mériter d'occuper les Affemblées provinciales, & elles pourront rechercher s'il n'eft pas préférable de labourer à plat ou en planches très-furbaiffées & très-larges, au moins les terres deftinées à recevoir les avoines, fauf à creufer en même-temps des rigoles fuffifamment profondes & bien entendues, pour ménager l'écoulement des eaux dans les cantons humides.

Carie ou noir. Depuis plufieurs années, les fromens ont été attaqués, dans une grande partie des provinces de France, d'une maladie qui eft connue fous le nom de *Carie* ou de *Noir*, & dont il eft aifé de les garantir par le choix & par la préparation des femences. Si l'on ne connoît pas parfaitement la caufe & l'ori-

[39.]

gine de cette maladie, les expériences qui ont été faites, semblent ne plus permettre de douter qu'elle ne soit contagieuse.

Le chaulage du blé destiné à être semé, n'est pas toujours un préservatif efficace contre cette maladie ; mais on la prévient par les procédés indiqués dans l'instruction dont Sa Majesté a déjà fait adresser des exemplaires aux Commissions intermédiaires des Assemblées provinciales.

Il seroit encore important que les Assemblées provinciales s'occupassent de rechercher & de vérifier avec soin, si l'usage de resserrer dans les granges les blés aussi-tôt qu'ils viennent d'être coupés, est réellement préférable à celui de les laisser en meules arrangées avec soin. Ce dernier moyen, s'il pouvoit être plus généralement adopté, seroit favorable à la diminution des avances nécessaires de la culture, en n'obligeant point les propriétaires à des constructions de bâtimens aussi étendus, & en diminuant dès-lors les frais de réparations. D'un autre côté, le cultivateur, tranquille sur la conservation de sa récolte, ainsi mise en meule avec précaution, ne feroit plus battre son blé avec précipitation, comme il le fait aujourd'hui, lorsque sa grange est insuffisante, dans la vue de le vendre sur le champ, ou de le resserrer plus promptement dans ses greniers. Le blé acquerroit peut-être plus de perfection, en restant plus long-temps dans la paille ; la paille elle-même se conserveroit peut-être mieux, & fourniroit aux bestiaux de meilleurs fourrages.

Granges & meules.

Enfin, la mouture du blé peut mériter également l'attention des Assemblées provinciales. Dans beaucoup de provinces, il y a peu de moulins bien construits : le grain sort de dessous la meule sans être suffisamment moulu, & le blutage ne sépare qu'une portion de la farine, dont plus d'un sixième reste uni au son, & passe à la nourriture des animaux ; perte inappréciable, & dont l'objet, s'il pouvoit être calculé, présenteroit un résultat affligeant.

Mouture des grains.

Quoique plusieurs provinces du royaume soient aussi propres qu'aucun autre climat à la culture du chanvre & du lin, cepen-

Chanvres & lins.

dant cette culture n'eft point auffi étendue qu'elle pourroit l'être. D'un autre côté, quelques contrées des Etats voifins femblent s'être approprié la fabrication & le commerce des toiles légères, & repouffent, pour ainfi dire, les fabricans François des marchés d'Italie, d'Efpagne & d'Amérique, en fe contentant d'un prix plus modique. Cependant cette fabrique pourroit convenir à plufieurs provinces du royaume, & il feroit intéreffant d'y rappeler une branche d'induftrie que la France a poffédée autrefois prefque exclufivement, & qui fourniffoit la matière d'un commerce extérieur très-étendu. Cette induftrie, répandue dans les campagnes, infpireroit au peuple l'amour du travail, & lui feroit mettre à profit les faifons perdues pour l'Agriculture.

Sa Majefté défire que l'Affemblée provinciale de la province du Rouffillon s'occupe de ces différens objets, & de tous ceux du même genre qui lui paroîtront tendre au progrès de l'Agriculture & à l'amélioration du fort des cultivateurs & des habitans des campagnes.

Elle paroît devoir s'attacher principalement, dans ces premiers momens, à bien conftater l'état actuel de l'Agriculture dans toute l'étendue de la province, les différens genres de productions cultivées jufqu'à ce jour & la diverfité des procédés, & à indiquer au Gouvernement les abus & les obftacles qu'il paroît plus inftant de faire ceffer, & les moyens les plus fûrs & les plus prompts d'y pourvoir.

C'eft dans la province même qu'elle doit chercher & indiquer, s'il en exifte, les bons procédés à imiter; il faut bien fe défendre de heurter trop directement la routine & l'habitude des gens de la campagne, qui répugnent prefque toujours à de nouvelles méthodes: on ne les amène à pratiquer ce qui leur eft plus utile que par la perfuafion, & on ne les perfuade que par les yeux. C'eft donc aux riches propriétaires à donner l'exemple; leurs leçons feront plus utiles quand leurs effais préfenteront des réfultats, & ils jouiront ainfi du double avantage d'acroître leur aifance perfonnelle, en devenant les bienfaiteurs de leurs concitoyens.

Confervation des hommes. Il eft un autre objet également digne de la follicitude de Sa Majefté, & des fentimens d'humanité qui doivent animer les Affemblées

Affemblées provinciales, ce font les foins relatifs à la confervation des hommes.

Sa Majefté charge fon Commiffaire du Roi de remettre à
l'Affemblée provinciale trois exemplaires d'un Ouvrage compofé
par fes ordres, fur les moyens de fecourir les perfonnes noyées,
celles qui ont été fuffoquées par des vapeurs méphitiques, telles
que celles du charbon, du vin, des mines, &c.; les enfans
qui paroiffent morts en naiffant, les perfonnes qui ont été
mordues par des animaux enragés, & enfin celles qui ont été
empoifonnées.

Le nombre d'exemplaires de cet Ouvrage, que les Affemblées
provinciales pourront défirer, leur fera délivré gratuitement à
Paris, d'après les ordres du Contrôleur général des finances.

M. l'Intendant remettra en même temps des extraits de cet
ouvrage, imprimés de manière à pouvoir être facilement répandus
& diftribués dans toute la province; & enfin, des exemplaires
du même extrait imprimé en placard, & qu'il feroit peut-être
avantageux de faire afficher dans le lieu qui fera deftiné, dans
chaque village, aux féances de l'Affemblée municipale.

M. l'Intendant recommandera à l'Affemblée provinciale, au
nom de Sa Majefté, de tranfmettre les différens détails & les
vues de bien public, indiquées par la préfente Inftruction, aux
Affemblées de diftrict, & de prefcrire fpécialement aux Commiffion & Bureaux intermédiaires, d'apporter toute leur attention & leurs foins à des objets fi dignes d'exciter l'intérêt
général, par leurs rapports intimes avec l'aifance & la félicité
publique.

Sixième Partie.

Ponts & Chauffées.

Sa Majefté a déja fait connoître, par fon Edit du mois de
Juin 1787, & par fa Déclaration du 27 du même mois, que
fon intention étoit de confier, dans chaque province, aux Affemblées provinciales, tout ce qui étoit relatif à la confection &

F

entretien des routes & autres ouvrages en dépendant, & qu'elles en fussent chargées, à compter de 1788.

Jusqu'à préfent, dans les Provinces & Généralités où Sa Majefté vient d'établir des Affemblées provinciales, & même dans celles du Berry & de la Haute - Guienne, la dépenfe des travaux des routes avoit été regardée comme une dette commune qui devoit être acquittée par toute la province, & repartie fur les Contribuables dans une proportion uniforme ; mais une des principales vues de Sa Majefté, feroit que déformais les Affemblées provinciales confidéraffent toujours les routes à ouvrir, perfectionner & entretenir, fous le rapport de l'intérêt plus ou moins direct qu'ont à ces routes les communautés, les diftricts ou la province qui doivent en fupporter la dépenfe.

De ce principe, fondé en raifon & juftice, découleroient des diftinctions également juftes, pour la diftribution du payement de la dépenfe entre les parties intéreffées, fuivant la mefure de l'intérêt qu'elles auroient à l'exécution de tel ou tel ouvrage.

Ainfi, par exemple, un chemin qui ne s'étend que fur le territoire d'une feule ville ou d'une feule communauté, & qui a uniquement pour objet de lui procurer une communication, avec une route plus importante, pour le débouché de fes productions, doit être à la charge de cette ville ou communauté feulement.

Tel autre chemin intéreffe quatre ou cinq communautés, s'il traverfe le territoire de ces quatre ou cinq communautés, & eft pour elles un débouché commun.

S'agit-il d'une route qui traverfe toute une Election . Département ou Diftrict, dans une direction affez étendue pour qu'elle aboutiffe à fes limites ; cette route doit être confidérée comme appartenant à toute l'Election, Département ou Diftrict, puifque, par fes embranchemens, elle doit vivifier la totalité ou une très-grande partie de fon étendue.

Cette route intéreffera deux ou trois Elections, Départemens ou Diftricts, fi elle eft tellement dirigée qu'elle ne foit utile qu'à ces deux ou trois Elections, Départemens ou Diftricts.

Enfin, dans toutes les autres fuppofitions, les routes doivent appartenir à toute la Province.

Ces diftinctions étant ainfi pofées & bien établies, elles ferviroient, pour ainfi dire, de poids & de mefure pour régler la contribution à la dépenfe.

Ainfi, une communauté, dans la première des fuppofitions précédemment expliquées, ou quatre ou cinq communautés, dans la feconde, payeroient à elles feules un chemin qui n'intéreffeoit qu'elles feules.

Dans le cas où une route intéreffeoit tout un diftrict, d'abord la ville ou la communauté, ou les quatre ou cinq communautés, fur le territoire defquelles s'exécuteroient les ouvrages, n'y contribueroient que jufqu'à concurrence de la fomme fixe qui feroit réglée pour chaque paroiffe, ou, ce qui feroit peut-être préférable, que jufqu'à concurrence d'une portion déterminée de leurs impofitions foncières, comme feroit le quart, le cinquième, le fixième, &c., ainfi que le propoferoient les Affemblées provinciales. Cette première contribution, de la part de la communauté ou des communautés plus directement intéreffées, étant ainfi prélevée fur le montant de la dépenfe, le furplus feroit réparti fur tout le diftrict, par un marc la livre uniforme ; & par l'effet de ce marc la livre général, les communautés qui auroient déjà eu à fournir leur contingent particulier, contribueroient encore dans la répartition générale, mais d'une contribution infiniment plus foible.

Les mêmes règles, les mêmes formes feroient obfervées dans les autres cas où une route intéreffeoit non-feulement un diftrict, mais plufieurs, ou-bien non-feulement plufieurs diftricts, mais toute la Province.

Tout ce qui vient d'être expliqué pour les chemins & les routes, auroit fon application pour les aqueducs, ponceaux, ponts, canaux, &c.

Enfin, fi un pont ou une digue, ou un canal qui feroit entrepris dans une province, avoit un caractère d'utilité qui pût faire regarder cet ouvrage comme intéreffant plufieurs provinces ou tout le royaume, & que la dépenfe en excédât une proportion quelconque, déterminée par Sa Majefté, d'après le montant des impofitions foncières de la province, Sa Majefté confentiroit, fur la demande de l'Affemblée, à y contribuer pour le furplus.

Une dernière obfervation effentielle, c'eft que, dans le cas où une Affemblée fupérieure fe chargeroit de fuppléer au contigent d'une communauté inférieure, alors cette Affemblée fupérieure feroit chargée de la furveillance & direction de l'ouvrage, comme s'il étoit le fien propre.

Sa Majefté défire que l'Affemblée provinciale de la province de Rouffillon, convoquée par fes ordres, s'occupe de ces vues ; qu'elle avife aux moyens de les réalifer, & qu'elle en faffe l'objet de fes délibérations pendant la prochaine tenue. Sa Majefté fera examiner les délibérations qui feront prifes fur cet objet par l'Affemblée, & lui fera connoître fes intentions pour 1789.

Mais, pour l'année 1788, l'Affemblée provinciale s'occupera provifoirement de la confection des routes & de tous les travaux y relatifs, fuivant l'ufage qui, dans les Affemblées provinciales déjà exiftantes en Berry & en Haute-Guienne, mettoit tous les travaux quelconques à la charge de l'univerfalité de la province, à la feule exception des dépenfes de communautés purement locales : &, pour que l'Affemblée provinciale puiffe fe mettre fur-le-champ en activité, conformément au régime du Berry & de la Haute-Guienne, telles font les intentions de Sa Majefté.

1°. L'Affemblée provinciale, ou fa Commiffion intermédiaire, aura fous fes ordres immédiats, les Ingénieurs, Infpecteurs, Sous-Ingénieurs & Elèves détachés des Ponts & Chauffées. Elle leur prefcrira ce qu'elle jugera convenable pour la rédaction des projets des travaux à exécuter, & pour la fuite & exécution de ces travaux ; elle rendra compte de leurs fervices au Contrôleur général des finances : enfin, les gratifications qui devront leur être accordées, feront réglées fur fes propofitions.

2°. Indépendamment defdits Ingénieurs, Infpecteurs, Sous-Ingénieurs & Elèves, l'Affemblée provinciale pourra établir des Conducteurs ou Piqueurs à fa nomination, par-tout où elle le croira néceffaire, & elle pourra les deftituer, en cas de mécontentement.

3°. Les Ingénieurs feront chargés de la rédaction des projets de tous les ouvrages quelconques à exécuter dans la province, dont la dépenfe devra être à la charge de ladite province ou des villes & communautés.

4°. L'Affemblée provinciale fe fera remettre par l'Ingénieur en chef, pendant le cours de fes féances, une carte de la Province, indicative, des départemens actuels de chaque Inspecteur ou Sous-Ingénieur, des routes entièrement finies & mises à l'entretien, de celles qui sont à perfectionner, de celles récemment ouvertes ou seulement projetées, & enfin des ouvrages d'arts y relatifs. Elle se fera d'ailleurs remettre tous les autres détails & renseignemens nécessaires pour bien connoître la situation actuelle de la province, sur l'objet des communications.

5°. L'Assemblée délibérera ensuite sur ceux des travaux qui devront être exécutés en l'année 1788, & réglera le nombre, la distribution & l'emplacement des ateliers, qui seront divisés autant qu'elle le croira possible & convenable.

6°. L'Ingénieur en chef, ou les Inspecteurs & Sous-Ingénieurs, d'après les instructions qu'il leur transmettra, s'occuperont, en conséquence, de rédiger, avec tout le soin & la diligence possibles, les projets nécessaires. Tous ces projets, rassemblés & examinés par l'Ingénieur en chef, seront par lui présentés à l'Assemblée provinciale ou à la Commission intermédiaire, avant le 30 Janvier prochain.

7°. La Commission intermédiaire provinciale adressera tous ces projets, plans & devis, au Contrôleur général des finances, avant le 15 Février 1788, pour être examinés au Conseil, & approuvés dans la forme ordinaire.

8°. En conséquence, Sa Majesté recommande spécialement à l'Assemblée provinciale, convoquée par ses ordres, de s'occuper dès ses premières séances, de tout ce qui sera relatif à la forme de répartition, quotité & versement de la contribution des chemins ; de considérer cet objet comme un des points les plus importans de ses délibérations, & de présenter, à cet égard, un vœu précis pour l'année 1788.

9°. Lorsque, sur la délibération de l'Assemblée provinciale, le Roi aura fait connoître ses intentions, & approuvé les projets, plans & devis, la Commission intermédiaire de l'Assemblée provinciale procédera par elle-même, ou par les Bureaux intermédiaires qu'elle aura délégués à cet effet, aux adjudications des travaux, dont les procès-verbaux seront ensuite tous réunis & déposés au Greffe de la Commission intermédiaire.

10°. Les adjudications de travaux de chaque atelier, se feront à celui ou ceux qui feront la condition meilleure, à la charge, par les Adjudicataires, d'exécuter exactement les devis, fans s'en écarter, fous quelque prétexte que ce foit, de renoncer à toutes fortes d'indemnités, pour raifon de cas fortuits ou autre caufe, & de ne recevoir aucune fomme par forme d'avance ou à compte, que les travaux ne foient commencés.

11°. Nul ne pourra fe préfenter pour les travaux, ni même être admis à faire des offres, s'il n'eft reconnu capable & folvable, au jugement de la Commiffion intermédiaire, qui jugera pareillement de la folvabilité de fa caution.

12°. Les adjudications feront annoncées quinze jours à l'avance, par des affiches ou publications dans les paroiffes, afin que les Affemblées municipales prennent connoiffance des travaux des ateliers, que leurs Syndics foient à portée de les indiquer aux différens Entrepreneurs de leur canton, & de procurer ainfi, pour l'intérêt commun, les moyens d'obtenir les foumiffions les plus avantageufes. Les mêmes affiches indiqueront dans quel lieu les Entrepreneurs, difpofés à fe préfenter à l'adjudication, pourront prendre connoiffance, au-moins huit jours à l'avance, des devis & claufes de ladite adjudication. Enfin, les adjudications feront faites publiquement au jour indiqué.

13°. Le total des différens devis ne devant point s'élever au-delà du montant total de la fomme à laquelle la contribution fera fixée, l'intention de Sa Majefté eft que la prochaine Affemblée provinciale prévoie le cas où le rabais des adjudications, fur le montant de l'eftimation des devis, produiroit des revenant-bons, pour avifer à la manière dont fera appliqué l'objet defdits rabais, foit en diminution du contingent des communautés appelées à l'adjudication qui aura procuré ledit rabais, foit en fupplément d'ouvrages dans la même année, à moins que ladite Affemblée ne juge plus convenable de tenir ces fonds en réferve pour l'année fuivante.

14°. Dans le cas où il y auroit néceffité & utilité de faire quelques changemens dans l'exécution des devis, il en fera rendu compte à la Commiffion intermédiaire, par l'Ingénieur en chef, & aucun changement ne pourra être fait, qu'en vertu des ordres par écrit de ladite Commiffion intermédiaire.

15°. Les travaux feront fuivis par l'Ingénieur en chef de la Province, & les Infpecteurs & Sous-Ingénieurs, &, à cet effet, les divers ateliers par eux viſités, le plus ſouvent qu'il ſera poſſible.

16°. Sa Majeſté autoriſe la Commiſſion intermédiaire provinciale, à délivrer des mandats d'à compte, au profit des Adjudicataires, juſqu'à concurrence des deux tiers pour les ouvrages d'arts, & des quatre cinquièmes pour les travaux des routes.

17°. Les mandats d'à compte ne ſeront délivrés par la Commiſſion intermédiaire, aux Adjudicataires, qu'à fur & à meſure de l'avancement des ouvrages, & lorſqu'elle ſe-ſera aſſurée de leurs progrès, par les certificats de l'Ingénieur en chef ou des Sous-Ingénieurs, ou, enfin, en leur abſence, des conducteurs des ouvrages.

18°. Il ſera procédé à la réception des ouvrages, par la Commiſſion intermédiaire ou par les Bureaux intermédiaires qu'elle aura délégués à cet effet, au jour qui ſera indiqué par elle ou par leſdits Bureaux intermédiaires. L'Ingénieur en chef, ou les Sous-Ingénieurs, ſe tranſporteront à cet effet ſur les routes, & y feront faire, aux frais des Entrepreneurs, en préſence de tels des Membres de la Commiſſion ou des Bureaux intermédiaires, qui pourront être délégués à cet effet, les fondes qui ſeront néceſſaires pour s'aſſurer de la bonne conſtruction & de la qualité des matériaux, conformément au devis. Leſdits Ingénieurs en dreſſeront leur rapport, pour mettre la Commiſſion intermédiaire, ou les Bureaux intermédiaires, par elle délégués à cet effet, à portée de faire ladite réception, dont le procès-verbal, pour chaque atelier, ſera dépoſé au Greffe de l'Aſſemblée provinciale.

19°. A fur & à meſure que leſdits procès-verbaux ſeront clos & arrêtés, la Commiſſion intermédiaire en enverra des extraits ſignés d'elle à M. l'Intendant, avec un bordereau détaillé des mandats d'à compte, par elle expédiés, juſqu'à concurrence des deux tiers ou des quatre cinquièmes. M. l'Intendant, ſur le vu de ces deux pièces, expédiera, pour chaque atelier, une ordonnance finale, par laquelle, validant les payemens d'à compte faits en vertu des mandats de la Commiſſion intermédiaire, qu'il rappelera & détaillera dans ſes ordonnances, il ordonnera le payement du dernier tiers ou du dernier cinquième qui reſtera dû ſur le prix de l'Adjudication.

Ladite ordonnance finale pour chaque atelier, remise ensuite par M. l'Intendant à la Commission intermédiaire, sera visée par elle, & délivrée à l'Adjudicataire.

L'Assemblée provinciale de la province de Roussillon, après avoir entendu les intentions du Roi, sur les divers objets détaillés dans les instructions que Sa Majesté fait adresser à son Commissaire, pour lui être notifiées, sentira qu'elle doit la plus vive reconnoissance aux témoignages de confiance dont l'honore Sa Majesté, en voulant bien être éclairée, par son zèle, sur le soin qui lui est le plus cher, celui d'améliorer de plus en plus le sort de ses peuples.

Animée du désir de seconder ses intentions paternelles, l'Assemblée ne perdra jamais de vue l'importance & l'étendue des travaux qui doivent l'occuper, & jamais elle n'oubliera qu'elle s'est imposée deux devoirs essentiels & sacrés, en contractant la double obligation de justifier la confiance du Roi, & de répondre aux vœux & aux espérances de ses peuples.

D'après les ordres du Roi,

Signé, LAMBERT.

Pour Copie,

RAYMOND.

M. le Commissaire du Roi a fait ensuite remettre à l'Assemblée divers mémoires & avis concernant l'Agriculture & le bien public, que le Ministre lui adressoit pour les faire distribuer & rendre publics.

Mgr. le Président, au nom de l'Assemblée, ayant témoigné à M. le Commissaire du Roi le désir qu'elle avoit de se conformer aux ordres & intentions de Sa Majesté, & la reconnoissance avec laquelle elle recevoit les divers avis & instructions concernant l'Agriculture & le Bien public, M. le Commissaire du Roi s'est levé, a salué l'Assemblée, & a été reconduit avec le même cérémonial.

MM. les Députés & Procureurs - Syndics, qui l'avoient accompagné,

compagné, étant rentrés, Mgr. le Préfident a propofé de députer MM. l'Abbé de Gifpert, d'Anglada, Bonaure & Moréno, pour fe rendre, dans la journée, auprès de M. le Commiffaire du Roi afin de le faluer au nom de l'Affemblée, & en même temps l'inviter à affifter à la Meffe folennelle du Saint-Efprit, qui doit être célébrée demain, dix-fept du courant, dans l'Eglife majeure de S. Jean, fur les dix heures du matin.

Sur quoi la féance a été levée, après qu'il a été convenu de fe raffembler demain, à neuf heures & demie, au lieu ordinaire des féances, pour fe rendre en corps & en cérémonie, à ladite Eglife de S. Jean, pour la Meffe folennelle.

Fait & arrêté à Perpignan, lefdits jour & an que deffus. *Signés*, J. G. Evêque d'ELNE, Préfident. T. RAMON, Secr. Greffier.

TROISIEME SÉANCE.

Du 17 Décembre 1787.

LEDIT jour dix-fept Décembre mil fept cent quatre-vingt fept, à neuf heures & demie du matin, l'Affemblée réunie dans le lieu ordinaire de fes féances, MM. l'Abbé de Gifpert, d'Anglada, Bonaure & Moréno, ont rendu compte à l'affemblée, de la Députation dont ils avoient été chargés auprès de M. le Commiffaire du Roi.

Immédiatement après, l'Affemblée, formée fur deux lignes, ayant à fa tête Mgr. l'Evêque Préfident, fuivi des Eccléfiaftiques ; M. le Marquis d'Aguilar, tenant la gauche de Mgr. l'Evêque, & fuivi de tous les Membres de la Nobleffe ; les Députés des Villes & des Campagnes marchant auffi fur deux lignes, chacun dans l'ordre prefcrit par le Règlement ; s'eft rendue à l'Eglife majeure de St. Jean, pour y affifter à la Meffe folennelle du St. Efprit ; Mgr. l'Evêque Préfident, a été reçu en qualité d'Evêque diocéfain, par fon Chapitre cathédral, à

G

la porte principale de ladite Eglife, & au bruit de l'orgue;
l'Affemblée a traverfé le chœur, & s'eft rendue à l'endroit de
l'Eglife appelé l'Auditoire, où, du côté de l'Evangile, étoit
placé le fauteuil deftiné pour Mgr. l'Evèque, Préfident, avec
fon prie-Dieu orné de tapis & carreaux ; à la fuite étoient
des fiéges rangés fur deux lignes, l'un devant l'autre, préparés
pour MM. de l'Affemblée. Du côté de l'Epître, en face
du Maître-Autel & vis-à-vis du fauteuil de Mgr. l'Evéque Préfident, étoit préparé un fecond fauteuil avec fon prie-Dieu
garni de tapis & carreaux, deftiné pour M. le Commiffaire du
Roi. L'Affemblée placée dans le même ordre qu'on fuit en
procédant aux fuffrages, Mgr. l'Evèque, Préfident, eft monté
fur fon trône, pour prendre fes habits pontificaux. M. le
Commiffaire du Roi, précédé de fes Hocquetons, eft arrivé
dans ce temps-là à l'auditoire, a falué l'Affemblée, qui fe tenoit
debout, & a pris place dans le fauteuil qui lui étoit deftiné.
Mgr. l'Evèque, Préfident, revêtu de fes habits pontificaux, a
commencé la Meffe, qui a été chantée par la Mufique; elle a
fini par les Prières & la Collecte ordinaire pour le Roi : après
quoi M. le Commiffaire du Roi a falué l'Affemblée, qui fe tenoit debout, & s'eft retiré dans le même ordre qu'il étoit venu.
Mgr. l'Evèque, Préfident, ayant quitté fes habits pontificaux, eft
venu prendre féance dans le fauteuil qui étoit à la tête de l'Affemblée, laquelle s'eft rendue auffi-tôt dans le lieu ordinaire de
fes féances, dans le même ordre qu'elle en étoit partie.

L'Affemblée fiégeant, Mgr. l'Evèque a propofé de claffer chacun de Meffieurs les Députés, dans les fept arrondiffemens
de la province, qui ont été formés fuivant l'intention du Roi,
par les deux Affemblées de diftricts; difpofition qui a été effectuée
ainfi qu'il fuit.

DISTRICT DU ROUSSILLON.

Arrondiffement D'ELNE.	Arrondiffement DE THUYR.	Arrondiffement D'ARLES.	Arrondiffement DE PERPIGNAN.
Mgr. l'Evèque.	M. l'Abbé de Monteils	M. l'Abbé de Gifpert	M. l'Abbé Eychenne
M. de Çagarriga.	M. le Comte de Ros	M. le Marquis d'Oms	M. d'Anglada.
M. Belmas.	M. Jean Bach,	M.	M. Bonaure.
M. Méric.	M. Jacques Jaubert.	M. Planes.	M. Sanyes-Caftello.

DISTRICT DU CONFLENT ET CERDAGNE.

Arrondiffement de Vinça.	Arrondiffement d'Olette.	Arrondiffement de Saillagouse.
M. Mauran, Curé de Rhodès.	M. l'Abbé de Campredon.	M. Planes, Curé d'Ur.
M. le Baron d'Ortaffa.	M. le Marquis d'Aguilar.	M. . . . . .
M. Balleffa.	M. Vilar.	M. Delcaffo.
M. Carbonnell.	M. Corfinos.	M. Moréno.

Après quoi Mgr. l'Eveque Préfident a fait obferver à l'Affemblée, que le Roi l'autorifoit, par le nouveau Règlement, paragraphe 3, à remplacer, pour fe compléter, ceux des Députés nommés, foit par Sa Majefté, foit par l'Affemblée préliminaire, qui feroient morts depuis leur nomination, ou qui ne l'auroient point acceptée; mais que toutes les nominations ultérieures feroient faites déformais par les Affemblées de diftrict; pour quoi il propofoit à l'Affemblée de nommer aujourd'hui un fucceffeur à M. de Travy, pour la Cerdagne, & à M. Jean Tarrès de la Roque de l'Albere, Député de campagne, dont il avoit annoncé la mort à la féance du 15.

Sur quoi MM. de l'Affemblée, prenant en confidération l'eftime qu'ils ont pour M. de Travy, & le défir de le conferver au nombre des Repréfentans de la province, ont témoigné à Mgr. le Préfident défirer qu'il fût furfis encore quelque temps à fon remplacement.

Quant à M. Tarrès, elle a arrêté, pour le remplacer dans l'Affemblée provinciale, de procéder fur-le-champ à l'élection d'un Député de ville pour l'arrondiffement d'Arles, & de choifir, pour fe conformer au nouveau règlement, parmi les Officiers municipaux des villes d'Arles, Prats-de-Mollo & Céret, toutes trois fituées dans ledit arrondiffement.

Il a été procédé à ladite nomination par la voie ordinaire du fcrutin, lequel vérifié par MM. l'Abbé de Campredon, le Comte de Ros, Belmas & Sanyes-Caftello, défignés pour vérificateurs, il a été reconnu que tous les fuffrages fe trouvoient réunis en faveur de M. Sylveftre Parès père , Membre de la Municipalité de la ville de Prats-de-Mollo ; & MM. les Procureurs-Généraux-Syndics ont été priés de lui faire part de fa nomination.

Mgr. l'Evêque Préfident a de plus obfervé à l'Affemblée , que , fuivant les intentions du Roi , manifeftées dans le paragraphe 3 du nouveau règlement , il doit être formé quatre différens Bureaux ; favoir , le Bureau de l'Impôt , le Bureau des Fonds & de la Comptabilité , celui des Travaux publics , & , enfin , le Bureau de l'Agriculture , du Commerce & du Bien public ; qu'il étoit temps de les compofer , quelques - uns ayant à traiter des objets qui demandoient célérité , en particulier le Bureau de l'Impôt. L'Affemblée , prenant en confideration ces motifs , a procédé à cette formation de la manière fuivante.

BUREAU DE L'IMPOT.	BUREAU DES FONDS ET DE LA COMPTABILITÉ.	BUREAU DES TRAVAUX PUBLICS.	BUREAU D'AGRICULTURE, COMMERCE ET BIEN PUBLIC
M. le Marquis d'Oms.	M. de Çagarriga.	M. le Marq. d'Aguilar.	M.l'abb. de Monteils.
M. l'Abbé de Gifpert.	M. de. . . .	M.l'ab.de Campredon.	M. le Baron d'Ortaffa.
M. l'Abbé Eychenne.	M. le Curé d'Ur.	M. d'Anglada.	M. le Comte de Ros.
M. Bonaure.	M. Mauran.	M. Méric.	M. Jaubert.
M. Moréno.	M. Vilar.	M. Belmas.	M. Sanyes-Caftello.
M. Delcaffo.	M. Balleffa.	M. Planes.	M. Carbonnell.
M. Parès.	M. Corfinos.		M. Bach.

Cette compofition ayant été agréée par l'Affemblée , MM. les Procureurs-Syndics ont lu des queftions relatives au travail des trois Bureaux , & ont dit :

Partagés en plufieurs Bureaux , vous allez , Meffieurs , apporter , à chaque objet , une difcuffion plus réfléchie. La lumière qui naîtra de la comparaifon des opinions , éclairera l'Affemblée réunie , fur les objets les plus intéreffans. Ce moment nous a paru favorable , pour mettre fous vos yeux , ceux dont il nous femble plus urgent de s'occuper.

Bureau de l'Impôt.

Vos Syndics n'ont point encore été autorisés, Messieurs, à prendre des renseignemens sur les Impositions. Votre réunion, & les fonctions confiées à ce Bureau, l'obligent à solliciter, de M. l'Intendant, les instructions convenables.

Nous avons reçu des Bureaux de l'Administration, un état général des différentes impositions de la province, distingué par vigueries. Mais il vous paroîtra bien plus important, sans doute, de connoître,

1°. Sur quelles bases sont assis les vingtièmes ? 2°. Quelle est la nature de la capitation dans cette province ? Sa proportion est-elle relative aux facultés & à l'industrie des Contribuables, ou-bien, la quotité en est-elle arbitraire ?

3°. Qu'entend-on par imposition ordinaire ? Dans quelle époque a-t-elle été établie en Roussillon ? Pour quel objet ? Quels ont été ses accroissemens graduels, & quelle est aujourd'hui sa destination ?

4°. Qu'entend-on par imposition extraordinaire ? Quelle est son origine, son objet & son emploi ?

5°. Le Bureau nous paroît devoir se procurer la connoissance de tous les Édits relatifs aux impositions, qui ont été enregistrés au Conseil souverain ; s'informer quelle est la somme levée sur les contribuables, en vertu de ces Édits, & quels sont les accroissemens qu'elle a reçus sans la sanction de l'enregistrement?

6°. A quoi montent les excédens ou non-valeurs des impositions ? A quel usage les destine-t-on ?

7°. Quel est le nombre & les différentes espèces de Privilégiés de la province ? Quels sont les impositions dont ils sont exempts ?

8°. Quelle est la taxe du Clergé ? Dans quelle proportion est-elle établie ? Tous ses biens y sont-ils assujettis ?

9°. L'Ordre de Malthe contribue-t-il aux charges de la province, à raison des biens qu'il y possède ?

10°. La répartition des impositions sur les propriétaires, en raison de leur fortune, ou sur les Communautés, en proportion de leurs forces, a-t-elle été faite jufqu'à ce jour, avec cette égalité qui doit lui fervir de bafe ? Dans le cas contraire, quels moyens jugeriez-vous les plus fages pour y procéder, fans convulfion, fans fecouffe & avec cette lenteur réfléchie qui peut feule affurer le fuccès des opérations de l'Affemblée ?

11°. N'y a-t-il point d'abus dans l'envoi des *garnifaires* ? L'état des frais annuels de contrainte & faifie, que le Bureau doit fe procurer, lui faciliteroit peut-être le moyen de former, d'adopter des projets, qui, fans nuire à la célérité du recouvrement, éloigneroit la vexation, l'arbitraire, & diminueroit, en grande partie, cet accroiffement onéreux de l'impôt ?

12°. Ne pourroit-on pas économifer fur la fomme qu'on impofe annuellement fur la province, pour les frais de perception ?

13° Les Bureaux intermédiaires des diftricts ne devroient-ils pas procurer, le plutôt poffible, à l'Affemblée, un état des revenus de chaque communauté, diftingués en octrois & biens patrimoniaux, de leurs charges, de leurs dettes ; & de plus, offrir les moyens qu'ils jugeroient les plus propres à rétablir l'équilibre entre la dépenfe & la recette, de celles dont les charges excéderoient les revenus ?

14°. Il nous refte, enfin, à demander au Bureau, une connoiffance précife des charges publiques de la généralité.

Bureau des Fonds de la Comptabilité.

1°. Peut-on regarder comme de vraies municipalités, celles qui exiftoient en Rouffillon avant le règlement du 15 Août 1787.

2°. Celles qui ont été formées à la hâte, depuis cette époque, ont-elles rempli le vœu du règlement ? Seroit-il convenable de donner aux unes & aux autres une nouvelle organifation ? Dans ce cas, quelle devroit être leur forme ?

3°. Les privilèges & les ufages particuliers de la province, n'exigent-ils pas quelque différence dans la compofition des municipalités ? Le même régime, dans l'état des chofes, peut-il convenir aux villes, bourgs & villages ?

4°. Ne feroit-il pas utile que le Syndic, & même quelqu'un

des Membres électifs, principalement dans les villages, fût choisi parmi les propriétaires, quel que fût leur domicile & leur état ?

5°. Ne paroîtroit-il pas décent, que dans les communautés où le Syndic ne feroit pas noble, le Curé eût la préféance ?

6°. Les paroisses qui ont moins de cinquante feux, ne devroient-elles pas être réunies à la paroisse voisine, fur-tout si cette dernière n'en est pas éloignée de plus de demi-lieue ? Dans ce cas, les Curés pourroient y assister, & les Seigneurs y présider alternativement.

7°. Lorsque le Seigneur se fera remplacer par un fondé de procuration, convient-il que, d'après le vœu du règlement, la préféance appartienne toujours au Syndic ? Si le premier est noble & que le second ne le soit pas, ne seroit-il pas à propos de lui donner la préférence ? Si tous les deux le sont, ne devroit-elle pas être déférée à l'âge ?

Nous estimons que les municipalités, étant la base de tout l'édifice, leur régénération est le premier objet qui doit fixer l'attention du Bureau. Quant à l'Assemblée provinciale & à celles des districts, tout ce qui est prévu dans le règlement, à leur égard, nous paroissant d'une exécution facile, c'est à votre sagesse à décider si ces différentes dispositions ne contrarient pas les usages de la province.

Il reste ensuite au Bureau à s'occuper des moyens de régler la comptabilité, à tracer le plan de la police intérieure de l'Assemblée, & des fonctions respectives de ses Officiers, & à fixer, définitivement, le moment où l'Assemblée provinciale, complète, devra se réunir tous les ans, d'après les ordres de Sa Majesté.

Nous sommes convaincus d'avance, que vous choisirez celui où les propriétaires pourront s'éloigner de leur domicile & de leurs affaires, avec le moins d'inconvénient.

Bureau des Travaux publics.

Le Bureau trouvera, dans les états fournis par MM. les Ingénieurs,

1°. Un état détaillé de la somme impofée, en repréfenta-
tion de la corvée.

2°. Un tableau général des routes & de leur toifé.

3°. Un état du travail qui refte à faire à chaque chemin,
pour le porter à fa perfection.

4°. Des mémoires fur les ouvrages d'art, entrepris ou projetés ; un état des fommes qui y font annuellement affectées,
& de celles qui font accordées par le Gouvernement, ou levées
pour un temps, fur la province, pour accélerer leurs conftructions.

5°. Une carte des routes, avec des éclairciffemens utiles à
confulter.

Vous trouverez, Meffieurs, dans notre rapport, des obfervations particulières fur tous ces objets.

Nous demanderons maintenant,

1°. Quelle forme vous prefcrirez pour les adjudications.

2°. A quels engagemens vous obligerez les adjudicataires ?
Exigerez-vous, comme on le fait aujourd'hui, que les concurrens qui fe préfenteront, foient munis de certificats de capacité, par l'Ingénieur ? Cette forme ne vous paroît-elle pas
vicieufe ? elle doit diminuer les rivalités, qu'il eft au contraire
avantageux d'exciter : toute perfonne folvable ou fuffifamment
cautionnée, ne doit-elle pas être admife à faire des offres ?

3°. Ne vous paroît-il pas convenable de morceler les adjudications, de manière que la plus forte n'excède pas 4000 liv.
& de défendre d'en réunir deux fur des routes différentes. Nous
favons que, dans les grands ouvrages d'art, la chofe eft impoffible. Mais la même obfervation nous paroît applicable aux
ponceaux, & à quelques entreprifes d'une conféquence moins
importante.

4°. Les ponceaux & mêmes les ponts du fecond ordre,
ne pourroient-ils pas, dans plufieurs cantons, être conftruits
d'une manière plus économique, en employant, pour les voûtes,
des pierres refendues, dites *efquerdas*, & ne faifant en pierres
de taille, que les vouffoirs des têtes. L'expérience prouve qu'ils
dureroient auffi long-temps, & n'auroient pas moins de folidité.
Nous ne croyons pas que la brique, dont l'emploi dans certains
cantons, paroîtroit économique, produifît les mêmes effets.

5°.

5°. Le Bureau ne trouveroit-il pas à propos de charger les deux Commiffions intermédiaires des diftricts, de s'informer dans les divers cantons de leur reffort, s'il ne feroit pas poffible d'efpérer des rabais fur les prix individuels de la toife courante, préfentés par M. l'Ingénieur, dont on leur donneroit connoiffance.

6°. L'établiffement des Cantonniers, ou Stationnaires, formé cette année par M. l'Intendant, à l'exemple de la plûpart des Généralités du Royaume, vous paroît-il avantageux ? Dans ce cas, ne croiriez-vous pas qu'ils devroient être furveillés par les Membres de votre Affemblée, par des Correfpondans nommés à cet effet ? & que, chargés du foin des Ouvrages qui font à l'entretien parfait, il ne devroit y avoir de fonds appliqués à cet objet, que la payè des Stationnaires ?

7°. La furveillance de tous les Travaux, doit, pour le bien de la chofe, être confiée à l'Ingénieur, dans tout ce qui tient à l'Art ; mais pour tout ce qui intéreffe l'adminiftration, qualité & emploi des matériaux, négligence dans la confection, réception & payement des Ouvrages, tous ces objets ne doivent-ils pas être confiés à des membres pris dans votre fein, & à votre choix ? Il leur fera expreffément recommandé de mettre dans leurs opérations, cette publicité qui eft le fceau de la confiance.

N'ayant pas des fonds affurés pour les ateliers de charité, nous ne vous propoferons pas encore de règle pour leur emploi (1).

Bureau d'Agriculture, Commerce & bien public.

1°. Quel eft l'état actuel de l'Agriculture dans la Province ? Les défrichemens faits depuis environ vingt ans ne lui ont-ils pas été nuifibles ? Il eft au-moins avoué qu'ils l'ont été dans

Agriculture.

---

(1) Lorfque MM. les Procureurs-Syndics ont préparé ces queftions, ils n'avoient point connoiffance du nouveau Règlement.

H

les montagnes ? Ne conviendroit-il pas de s'occuper de l'exécution de l'Edit qui les a défendus ?

2°. Les inondations caufant, prefque annuellement, en Rouffillon, un mal ineftimable, quels feroient les moyens que vous jugeriez convenables d'adopter, pour contenir les rivières & les torrens dans leurs lits ?

3°. L'impôt connu fous le nom de Droit fur les Huiles, & fon doublement, n'a-t-il point nui effentiellement à la culture de l'olivier ? Les vexations qu'entraîne le régime de cet impôt, font plus fenfibles en Rouffillon, que dans les Provinces abonnées : fa fuppreffion avoit été promife aux Notables. En attendant que les befoins du Gouvernement permettent ce léger facrifice, ne s'offriroit-il pas à votre juftice un moyen de répartir plus également ce tribut, qui ne porte aujourd'hui que fur une claffe de Propriétaires ?

4°. Quelles font les exportations de la Province ? Ne pourroit-on pas s'en procurer un état, finon réel, du-moins par approximation ?

5°. Quelle eft la fituation actuelle de la Pépinière ? quelle dépenfe occafionne-t-elle ? quel profit en retire-t-on ? quel eft celui qu'on peut en attendre ? remplit-elle enfin l'objet que l'adminiftration s'étoit propofé lors de fon établiffement ?

6°. Les Bois devenant tous les jours plus rares, quels feroient les arbres les plus analogues au fol des divers cantons de la Province ? Ne conviendroit-il pas d'en encourager la plantation, & de chercher les moyens d'en prévenir la deftruction ?

7°. Ne pourroit-on pas conduire divers canaux d'arrofage fur des terroirs arides qui deviendroient d'un bon rapport ? La dépenfe d'une femblable entreprife étant fouvent au-deffus des forces des Propriétaires, ne feroit-ce point correfpondre aux vues du Gouvernement, de les aider par-des ateliers de charité ?

Commerce 1°. Quel eft l'état du Commerce en Rouffillon ? quelles font fes différentes branches & fes débouchés ?

2°. Ne devroit-on pas s'occuper du foin de bonifier nos laines ? Quels feroient les moyens les plus fimples d'y procéder, fans s'écarter de l'économie dont la foibleffe de nos reffources nous fait une loi impérieufe?

3°. Comment le commerce de la draperie, autrefois fi floriffant à Perpignan, n'exifte-t-il plus? Quelles caufes morales ou phyfiques en ont détruit jufqu'au fouvenir? Y auroit-il quelque efpoir de le faire renaître par des encouragemens?

4°. Les vins du Rouffillon étant en général d'une excellente qualité, étant même recherchés dans le royaume & chez l'Etranger, pourquoi font-ils fouvent fans débit, ou livrés à des prix fi bas, qu'ils ne payent pas les avances? Seroit-ce la pofition de la province, l'inertie de fon commerce, qui ne fe fait guère que par commiffion, le défaut de concurrence dans les acheteurs, ou leur connivence, qui en feroit caufe? Cette recherche nous paroît importante. La province a dû long-temps à cette exportation, l'accroiffement de fon numéraire; & c'eft à la langueur actuelle de ce commerce, qu'on doit attribuer l'état de foibleffe & d'appauvriffement où elle fe trouve.

5°. Quel eft, enfin, le commerce d'importation? A quels droits eft-il affujetti? Parmi les objets que le Rouffillon demande à l'étranger, n'y en auroit-il pas quelques-uns qu'il pourroit tirer de fon fonds ou de fon induftrie?

1°. La Meunerie eft encore en Rouffillon dans l'enfance; ne conviendroit-il pas de la perfectionner, & d'adopter les moyens dont l'expérience a confacré l'utilité? Par quelle caufe les moulins à vent font-ils fi rares en Rouffillon, tandis que des villages confidérables fe trouvent éloignés des moulins à Eau?

Bien public.

2°. Les Bureaux intermédiaires des diftricts pourroient fe procurer un état des mendians de chaque communauté, diftingués par fexe & par âge; peut-être l'Affemblée trouveroit des moyens de leur procurer du travail & des fecours fans les déplacer.

3°. La fortie des bêtes à laine qui paffent en Efpagne n'eft-elle pas la caufe de la rareté des beftiaux, & du renchériffement exceffif du prix des viandes? D'après cette hypothèfe, feroit-il convenable de folliciter du Gouvernement la défenfe, au-moins momentanée, de ce commerce? Mais auffi cette prohibition ne nuiroit-elle pas à l'intérêt de plufieurs provinces du Royaume? Et comme dans un Gouvernement fage , tous les points fe tiennent par une chaîne imperceptible , ne feroit-il pas plus prudent d'attendre du temps la folution d'un problême qui ne nous paroît pas dé-montré ?

4°. Quels font les différens établiffemens à la charge de la province ? Quel eft leur objet ? Les rempliffent-ils ? Quels font les fonds affectés à leur entretien ? N'y en auroit-il point qui fuffent fufceptibles d'amélioration ?

Chargés , Meffieurs , par le devoir de nos places , de la noble fonction de requérir pour la Patrie , telles font les queftions que nous avons cru devoir foumettre à votre fageffe. Leur nombre vous paroîtra confidérable ; mais il n'y a pas de temps précis pour les réfoudre , & nous ne doutons pas que votre fagacité n'en découvre de plus intéreffantes à propofer.

Lecture faite defdites queftions , Mgr. l'Evêque Préfident a levé la féance.

Fait & arrêté à Perpignan , les jour & an que deffus. *Signés*, J. G. Evêque d'ELNE , Préfident. T. RAMON , Secr. Greffier.

Les 18 , 19 & 20 Décembre , les Membres compofant les divers Bureaux formés dans la féance du 17 , fe font rendus affidument chez MM. leurs Préfidens refpectifs , & fe font oc-cupés des objets que l'Affemblée leur avoit donnés à traiter.

QUATRIEME SÉANCE.

Du 21 Décembre 1787.

LEDIT jour vingt-un Décembre mil fept cent quatre-vingt fept , à neuf heures du matin, l'Affemblée s'eft trouvée réunie dans le lieu ordinaire de ſes ſéances ; & , ſur la propoſition de Mgr. l'Evêque Préſident , MM. les Procureurs-Généraux-Syndics ont été priés de veiller à la rédaction du procès-verbal ; MM. l'Abbé de Giſpert & Vilar ont été nommés commiſſaires pour ſa reviſion ; MM. Eychene & Belmas ont été chargés de la viſite & inſpection des papiers , & de l'état du Greffe.

Après quoi il a été annoncé que M. Anglada , Docteur en Médecine & Profeſſeur de Chimie ; & M. Malibran , Négociant , députés de la Société Royale d'Agriculture de cette ville , venoient ſaluer l'Aſſemblée au nom de leur Corps. MM. Belmas & Balleſſa ont été priés de les recevoir à la première porte, & de les introduire dans le lieu de l'Aſſemblée. MM. les Députés étant entrés, ont pris place à côté de MM. les Procureurs-Généraux-Syndics, en face de Mgr. l'Evêque Préſident ; & s'étant aſſis, ils ont réclamé là protection de l'Aſſemblée, l'ont priée d'honorer. de ſa préſence, leur ſéance publique du 2 Janvier prochain, pour là diſtribution des prix.

Mgr. le Préſident a répondu que l'inſtitution de la Société Royale d'Agriculture, lui donne des droits à la bienveillance de l'Aſſemblée, les objets dont elle s'occupe, étant du nombre de ceux qui doivent contribuer au bien public ; qu'elle ſe fera, en conféquence, un devoir de concourir à tout ce qui pourra lui être agréable ; & Mgr. le Préſident a promis qu'il ſe feroit un plaiſir, lui & ceux de ces Meſſieurs qui n'en ſeroient point empêchés, d'aſſiſter à ladite ſéance publique. Au même inſtant, MM. les Députés ſe ſont levés, & ont été reconduits avec les mêmes honneurs.

Fait & arrêté à Perpignan, les jour & an que deſſus. *Signés,* J. G. Évêque d'ELNE, Préſident. T. RAMON, Secr. Greffier.

Les Bureaux ont travaillé, les 22 & 23, chez MM. leurs Préſidens reſpectifs.

CINQUIEME SÉANCE.

Du 24 Décembre 1787.

LEDIT jour 24 Décembre 1787, à dix heures du matin, l'Assemblée étant réunie dans le lieu ordinaire de ses séances, le Bureau de l'impôt a lu son rapport sur la demande en augmentation de l'abonnement des vingtièmes. La matière ne se trouvant pas assez approfondie, il n'a été pris aucune délibération ; &, attendu la fête de demain, la séance a été renvoyée à Mercredi prochain, à deux heures de l'après-midi.

Fait & arrêté à Perpignan, les jour & an que dessus. *Signés*, J. G. Évêque d'ELNE, Président. T. RAMON, Secr. Greffier.

SIXIEME SÉANCE.

Du 26 Décembre 1787.

LEDIT jour 26 Décembre 1787, à deux heures de l'après-midi, MM. de la commission de l'impôt, ont fait à l'Assemblée réunie, le rapport ci-dessus annoncé, lequel a été donné en communication à MM. les Procureurs-Généraux-Syndics, pour avoir leur avis.

Il a été arrêté, qu'on demanderoit à M. le Commissaire du Roi, une conférence, pour lui faire part de la délibération qui sera prise par l'Assemblée, & le prier de vouloir bien accorder ses bons offices à la Province, auprès de Sa Majesté.

Fait & arrêté à Perpignan, les jour & an que dessus. *Signés*, J. G. Évêque d'ELNE, Président. T. RAMON, Secr. Greffier.

SEPTIEME SÉANCE.

Du 27 Février 1787.

LEDIT jour 27 Décembre 1787, l'Affemblée réunie dans le lieu ordinaire de fes féances, MM. les Commiffaires, chargés du travail de l'impôt, ont pris le Bureau & ont lu le rapport fuivant.

MESSIEURS,

Dans votre féance du 17 de ce mois, vous avez formé, fuivant les intentions du Roi, le Bureau de l'impôt ; & vous l'avez particulièrement chargé de donner fon attention à la propofition faite par M. le Commiffaire du Roi, au nom de Sa Majefté, d'abonner cette Province pour les deux vingtièmes & les quatre fous pour livre du premier, moyennant la fomme de 434, 000 liv.

Les Commiffaires de ce Bureau fe font affemblés plufieurs fois, pour conférer fur un objet auffi important, & fe font définitivement fixés aux obfervations fuivantes, après avoir mûrement examiné les bafes contenues dans l'état envoyé par M. le Contrôleur - Général, à Mgr. le Préfident, pour établir que les deux vingtièmes & quatre fous pour livre du premier, perçus au profit de Sa Majefté, produiroient au-moins 434, 000 livres.

Ces bafes confiftent;

1°. Pour le montant de l'abonnement des deux vingtièmes & quatre fous pour livre du premier, en 1787, pour le Rouffillon, ... 236,000 liv. l. d.

Du Clergé de Perpignan , ... 20,680

2°. Pour l'augmentation de $\frac{6}{25} + \frac{1}{10}$ de 1756 à 1787, pour mettre le Rouf-

256,680

		f.	d.
De l'autre part, ... 256,980 liv.			

fillon au niveau des provinces régies ;
ayant toutefois égard aux augmentations qui ont déjà eu lieu, de 1756 à
1782, époque de la fixation des abon-
nemens de la province & du Clergé
de Perpignan, ... 34,497   16   5

3°. Pour une troisième augmentation, correspondante à celle dont les
Provinces régies seroient encore susceptibles au-delà des Rôles de 1787,
ladite augmentation revenant aux
$\frac{3}{11} - \frac{1}{5}$ 82,180   14   8

4°. Pour la contribution des objets
qui jusqu'à présent n'ont pas été compris dans l'imposition des vingtièmes
ci-dessus rapportés ;

S A V O I R :

Biens du Domaine, 900 l. 2 f. 7 d. ⎫
Biens de l'Ordre de   ⎬ 10,659   16   6
Malthe,   620 l   1   9
Biens des Hôpitaux, 3558 12 2 ⎭

                                434,018   7   7

Nous avons encore à vous observer, que les calculs des articles
2 & 3 de l'état ci-dessus, sont formés d'après les produits des
Rôles du vingtième du Roussillon, y compris le Clergé de
Perpignan, de l'année 1756 ;

S A V O I R :

Premier vingtième, 125,074 l. 5 f. 8 d. ⎫
2 f. pour liv. du 10e., 25,014 17   1 ⎬ 275,163 liv. 8 f. 5 d.
2e. vingtième fictif, 125,074 5   8 ⎭

Mais cette fixation doit-elle servir de base pour justifier les
augmentations ?

Ces augmentations sont-elles justes en elles-mêmes, du-moins
quant au Roussillon ?

                                      C'est

C'est ce que les Commissaires ne pensent pas, & qu'ils ont cherché à établir en prouvant,

1°. Que le Roussillon paye déjà à peu-près, depuis 1757, les $\frac{6}{25}$ -|- $\frac{1}{10}$ sur le produit effectif de ses revenus, au moyen de l'augmentation dont cette province a été grévée par l'abonnement du 16 Décembre 1780.

2°. Que dès-lors le Roussillon n'est pas susceptible du payement des $\frac{1}{12}$ -|- $\frac{1}{5}$ ainsi que les autres provinces du Royaume régies, sa position physique & ses lois bursales, devant d'ailleurs écarter toute comparaison avec ces provinces.

La base des rôles de 1756 ne pourroit qu'induire en erreur, ayant été reconnu que leur fixation fut le résultat des vérifications de préposés, qui ne connoissoient point la province, n'avoient aucun égard à la nature de son sol, aux variations fréquentes de sa température, & ne s'attachoient qu'à mériter des gratifications, en forçant les produits. Leurs opérations excitèrent bientôt une réclamation générale, qui détermina Sa Majesté à accorder, l'année suivante, à la province, un abonnement.

Ces motifs ont fait penser aux Commissaires qui n'ont pas pu se procurer un état des déductions légitimes à faire sur les Rôles de 1756, pour la contribution du Clergé, comprises dans le Rôle, pour les sous pour livre, ou pour tous autres droits additionnels, qui doivent être levés en-dehors de l'imposition, quoiqu'ils soient une surcharge pour les redevables, au-delà du 10e. effectif, à se fixer sur la somme payée l'année suivante, pour les vingtièmes, en exécution de l'arrêt d'abonnement, du 7 Juin 1757, montant, ... 209,000 l.

Plus, pour $\frac{6}{25}$ -|- $\frac{1}{10}$ (1) mentionné dans l'article 2 de l'état, ... 50,996

TOTAL. 259,996

_____

(1) On auroit pu réduire ces fractions à une seule, ainsi que celles qui se trouvent dans le reste du mémoire ; mais on a voulu se servir des mêmes expressions employées par le Gouvernement.

I

L'on voit ainſi que le Rouſſillon, en payant cette ſomme, ſupporte les deux vingtièmes, les 4 ſous pour livre du premier, & même l'accroiſſement de $\frac{6}{25}$ -|- $\frac{1}{10}$ des autres provinces du Royaume. Or, depuis le 16 Décembre 1780, époque de l'arrêt du Conſeil, qui a fixé le dernier abonnement accordé à cette province, il rentre net dans les coffres du Roi, 258,500 liv., ſomme pareille, à 1496 liv. près, à celle ci-deſſus, ce qui n'eſt d'aucune conſidération.

A l'égard des $\frac{1}{12}$ -|- $\frac{1}{5}$ portés dans l'état envoyé par M. le Contrôleur-général, pour 82,180 liv. 14 ſ. 8 den. dont on n'a pas ſu bien diſtinguer la baſe, on croit que ce calcul a été porté à cette ſomme, ſur la ſuppoſition que le Clergé du Rouſſillon, compris à l'avenir dans les rôles des vingtièmes de cette Province, ſeroit ſuſceptible de cette augmentation, dans l'état de répartition des vingtièmes de 1787. Mais on obſerve que ce revenu, conſiſtant en grande partie en rentes conſtituées qui ne ſont pas impoſables, la Province pourroit ſupporter en ce point, un préjudice ſenſible : obſervation qui s'applique auſſi aux biens des Hôpitaux, & à ceux de l'ordre de Malthe. De plus, le Bureau s'eſt apperçu que, dans le même état on n'a pas eu égard à la différence qu'il y auroit à faire pour les frais de recouvrement & autres, relatifs à l'impoſition des vingtièmes, montant à la ſomme de 434,000 liv., demandée par Sa Majeſté ; & celle de 286,000 liv. : & qu'enfin, les $\frac{1}{12}$ -|- $\frac{1}{5}$ ont été compris auſſi ſur les frais de cette dernière ſomme.

Qu'on ne ſuppoſe pas, Meſſieurs, qu'en Rouſſillon, les revenus ont augmenté, pour motiver le troiſième accroiſſement demandé par Sa Majeſté, ſur des préſomptions dont on ne connoît point le principe, & qui ſont ſans application, du moins quant à cette Province. Un Extrait du Regiſtre forlea u de l'Hôtel-de-ville de Perpignan, prouve que, depuis plus de 20 ans, il n'y a preſque point de variation dans le prix du blé, denrée eſſentielle qui eſt l'indice le plus certain de *l'accroiſſement* ou de la *diminution* des revenus. Cependant, tous les frais d'exploitation ont augmenté conſidérablement depuis cette même époque ; le Propriétaire devient tous les jours plus pauvre, par la néceffité où il fe trouve d'augmenter les falaires, & d'avoir recours aux étrangers pour fes récoltes, le Rouffillon manquant de bras, inconvénient qui devient de jour en jour plus fenfible.

D'ailleurs, fa pofition phyfique l'expofe à une infinité d'événemens inconnus aux autres provinces du Royaume. Le grand nombre de torrens qui traverfent la plaine, rendent les inondations fréquentes, la dégradation des fonds commune, & les récoltes incertaines.

Vous favez, Meffieurs, que Sa Majefté, touchée de l'état déplorable de cette Province, fournît annuellement, depuis 1779, 25,000 liv. fur les fonds des ponts & chauffées, & que le Rouffillon fupporte une pareille fomme au-delà de fes vingtièmes.

Malgré ces facrifices, les propriétaires font dans l'obligation de faire les plus grands efforts pour rétablir les terres dans le même état où elles étoient avant 1756. Ces motifs furent pris en confidération, lorfque l'abonnement des vingtièmes fut renouvellé en 1780. D'ailleurs, Meffieurs, vous favez que, depuis plufieurs années, le prix du vin eft entièrement avili, en forte que les frais de récolte abforbent fon produit, au point qu'il y a déjà beaucoup de vignes fans culture ; que la récolte des haricots, article effentiel, eft nulle, par des caufes phyfiques qu'on n'a pu encore pénétrer ; que les fers, à raifon de la rareté des charbons, & de l'augmentation de tous les frais d'exploitation, ne donnent pas aux propriétaires des forges, un bénéfice plus confidérable qu'en 1756 ; que vous êtes menacés d'un rabais confidérable dans le prix des laines, les manufactures du Royaume ayant moins d'activité depuis la libre introduction des draps d'Angleterre.

Eft-il poffible de fuppofer, dans ces circonftances, un accroiffement de revenu en Rouffillon, & de l'affimiler aux autres Provinces du Royaume régies, pour motiver une augmentation de contribution de $\frac{1}{12} + \frac{1}{5}$? Le Gouvernement étant fur-tout inftruit que le Rouffillon n'a prefque d'autre richeffe, que les productions de fon fol ; que le commerce & l'induftrie ne pré-

fentent aucune reffource ; & qu'enfin, le numéraire y devient
plus rare de jour en jour.

D'ailleurs, les lois burfales accablent cette Province. D'abord,
fur le motif qu'elle ne paye point de taille, la capitation fucceffivement augmentée en principal, y eft exceffive ; & les acceffoires de cette impofition, s'élèvent dans le moment à environ
15 fous pour liv. du principal : les vingtièmes s'y perçoivent fur
un taux plus élevé qu'ailleurs. Le Rouffillon eft encore grevé,
fous le nom d'impofition ordinaire, d'une fomme de 65, 956 liv.
pour payer fes dépenfes intérieures ; impofition qui, au commencement de ce fiècle, n'étoit que d'environ 8000 liv. De
plus, depuis 1772, les droits de papier & parchemin timbrés,
ont été établis dans cette Province. Les huiles, une des productions principales, ne jouiffent pas d'un abonnement modéré,
ainfi que les autres provinces du Royaume : le droit principal
étoit déjà exceffif, relativement à fa valeur, & l'on y a encore
ajouté 10 fous pour liv., depuis 1780, furcharge qui grève
cette production, intéreffante à ménager, au-delà du dixième effectif. Enfin, l'accroiffement des droits de contrôle & centième
denier, les droits de Greffes, les droits fur les cuirs, le pied
fourché & les fous additionnels fur ces droits, dont partie font
établis ou du-moins augmentés depuis 1756, & dont l'énumé-
ration eft affligeante, rendent déjà le recouvrement des impofitions fur les terres, plus difficile. Cette accumulation accable
l'agriculture, décourage le Propriétaire, & fait languir le
commerce.

A l'appui de motifs auffi légitimes, pour obtenir de la juftice de Sa Majefté, qu'il ne foit plus fait mention de la fufdite
troifième augmentation, nous penfons, Meffieurs, que l'Affemblée doit lui rappeler refpectueufement les difpofitions de l'Arrêt
d'abonnement du 16 Décembre 1780, dans lequel elle déclare
que, s'étant fait repréfenter en fon Confeil les différens Arrêts
rendus en icelui, pour régler la contribution aux vingtièmes
de la Province de Rouffillon, &, voulant maintenir la proportion qui doit avoir lieu entre les différentes Provinces du
Royaume, elle a ordonné & ordonne « que la contribution de
» la Province de Rouffillon, pour tenir lieu des vingtièmes
» & des 4 fous pour liv. du premier vingtième, fera réglée & fixée

» par chacun an , & à commencer du premier Janvier , juf-
» qu'au dernier Décembre 1790, à la fomme de 286,000 liv.
» y compris les frais de régie & de recouvrement ; de laquelle
» fomme, il fera verfé annuellement, & porté net, fans aucune
» déduction , au tréfor royal , celle de 258,500 liv. , & le
» furplus , montant à 27,500 , fera employé en payement des
» frais de recouvrement , & autres relatifs à ladite impo-
» fition».

Des difpofitions auffi précifes, devroient, fans doute, Meffieurs,
mettre cette Province à l'abri de tout changement & de toute
augmentation fur les vingtièmes, du-moins jufqu'au dernier
Décembre 1790. Mais, Sa Majefté ayant ordonné, par l'Édit
du mois de Septembre, la perception de l'impofition des
vingtièmes dans toutes les Provinces, felon les véritables principes de cette impofition, établie par l'Édit de Mai de 1749,
& y ayant déclaré que les circonftances préfentes exigent un
fupplément de revenu, pour porter le plus prompt remède au
deficit qui s'eft trouvé dans fes finances, comment fe flatter
que cette Province fera difpenfée de fubir une loi générale qui
détruira toutes les exceptions ; fur-tout M. l'Intendant ayant
déjà lu, à l'ouverture de cette Affemblée, fuivant les ordres
de Sa Majefté, une inftruction pour nous faire connoître qu'il
étoit indifpenfable de demander fans délai, au nom de cette
Province, un abonnement dont les offres fuffent relatives à
fes véritables facultés, ou s'attendre qu'il faudroit fe conformer
à ce qui eft prefcrit par l'article XIV de l'Édit de Mai 1749,
dont la difpofition eft fi inquiétante par l'obligation de faire
des déclarations, l'inconvénient des vérifications, & le dan-
ger des amendes.

A la vérité, Meffieurs, Sa Majefté, en vous laiffant l'alternative, a chargé M. l'Intendant de vous affurer qu'elle prendra
les précautions les plus pofitives, pour que les propriétaires,
dont les taxes fe trouveroient dans le cas d'être augmentées,
ne foient, dans aucun cas, expofés à payer au-delà de deux
vingtièmes & quatre fous pour livre du premier de leurs revenus
effectifs.

Nos obfervations précédentes, Meffieurs, faites d'après
l'examen de bafes rigoureufes, vous ont déjà fait connoître que

cette Province n'avoit pas à redouter un accroiffement d'impofition pour les deux vingtièmes & quatre fous pour livre du premier, fi les recherches & vérifications étoient confiées à des Prépofés équitables & intelligens. Mais, fommes-nous éclairés fur les principes qui devroient diriger les déclarations des propriétaires, fur ceux qui feroient prefcrits aux Vérificateurs, pour procéder à l'eftimation & au dénombrement des propriétés ? N'eft-il pas à craindre que dans des opérations auffi compliquées, ces Prépofés étrangers ne fauront ni claffer les différentes qualités de terre, ni prendre en confidération tout ce qui doit influer dans l'appréciation des fonds dans une Province pauvre, expofée, par fa pofition phyfique, à des inconvéniens inconnus dans le royaume ?

Tant de défagrémens, Meffieurs, qui ne nous permettent pas de prévoir quelle feroit alors la deftinée de la Province, malgré les vues de juftice que nous connoiffons à Sa Majefté, dumoins jufqu'à ce que les opérations feroient dans leur perfection, nous ont déterminé à délibérer unanimement, que Sa Majefté devroit être fuppliée de continuer à cette Province l'abonnement de fes vingtièmes, & de vouloir bien agréer une augmentation annuelle de 20,000 liv., jufqu'au dernier Décembre 1790, époque de l'expiration de l'abonnement actuel, ordonné par l'Arrêt du Confeil du 16 Décembre 1780. Si ces offres étoient agréées, il devroit être impofé fur la Province, pour l'abonnement des deux vingtièmes & quatre fous pour livre du premier, pour chacune des années 1788, 1789 & 1790, la fomme de 309,839 livres 16 fous 6 deniers, dont il rentreroit net dans les coffres du Roi,

1°. Pour le montant de l'abonnement actuel du Rouffillon. 258,500

2°. Pour la contribution du Clergé, payant à l'avenir à la décharge de la Province 20,680

79,180

Ci-contre . . . .   79,180 liv.   f.   d.

3°. Pour les objets qui, précédemment,
ne contribuoient pas à l'impofition,

SAVOIR: ff.   f.   d.

Pour les Domaines   900   2   7
Pour les biens de l'Ordre de
Malthe 6201   1   9 } 10,659   16   6
Pour les biens des Hôpitaux, 3553   12   2

4°. Pour l'augmentation annuelle offerte
par l'Affemblée jufqu'au dernier Décem-
bre 1790   20,000

5°. Pour les frais de recouvrement, &
autres relatifs à ladite impofition, évalués
à deux fous pour livre, à comprendre dans
le même arrêt, pour, ladite fomme, être
retirée par l'Affemblée provinciale   30,983

Total à impofer. 340,822   16   6

Nous devons convenir, Meffieurs, qu'en nous décidant à
faire ce facrifice, qui pourra paroître modique, fi l'on perd de
vue que le Rouffillon paye déjà à-peu-près les vingtièmes &
les quatre fous pour livre du premier, fur fes revenus effectifs, ainfi
que nous croyons l'avoir établi dans nos obfervations précédentes,
nous avons écarté le fouvenir de l'état d'épuifement où nous
connoiffons cette Province, pour nous livrer à la fatisfaction
d'offrir à un monarque chéri de fes Sujets, un hommage de
notre amour; mais nous ne nous fommes pas diffimulés en même-
temps, qu'une offre plus confidérable, jeteroit la Province
dans la confternation, éleveroit un cri général de tous les Ordres, contre une nouvelle adminiftration qui fe feroit crue autorifée à confentir de nouvelles impofitions avant que l'Edit de
Septembre fût enregiftré; que cela feroit craindre de voir introduire dans la fuite d'autres fubfides fans enregiftrement. Ces
conféquences décifives, qui détruiroient bientôt, dans l'opinion
publique, la confiance & la confidération que ces nouveaux établiffemens doivent conferver, pour remplir les vues d'un Monarque bienfaifant, ont fait penfer aux Commiffaires, qu'il

étoit de la plus grande importance de fupplier très-humblement Sa Majefté, en lui préfentant les 20,000 liv. d'augmentation annuelle jufqu'au dernier Décembre 1790, de vouloir bien prendre en confidération l'état de défolation du Rouffillon, abymé prefque tous les ans, par de nouvelles inondations, appauvri par l'aviliffement des vins & par l'énormité de fes charges ; & de mettre fous fes yeux l'inconvénient d'un accroiffement d'impofition dans cette Province, dont les habitans établis fur les frontières d'Efpagne, ayant les mêmes mœurs, les mêmes lois & le même langage, y vont déjà chercher les moyens de fubfifter, fur-tout du côté des montagnes. C'eft en éclairant la juftice & la fageffe du Roi, que nous devons attendre de fa bonté, qu'il ne voudra pas exiger de nous, que pour premier acte de notre adminiftration, nous nous chargions de la répartition d'un accroiffement d'impôt qui augmenteroit la dépopulation, acheveroit de détruire le commerce, déjà bien abattu, feroit languir l'agriculture, & entraîneroit un découragement univerfel dans cette Province.

Ce Rapport fini, MM. les Procureurs-Syndics ont donné leur avis, & ont dit :

MONSEIGNEUR ET MESSIEURS,

Si nous avons jamais fenti la délicateffe de notre miniftère, c'eft dans ce moment, où nous devons ouvrir un avis fur l'objet le plus intéreffant au bonheur de cette Province. Les befoins de l'état paroiffent exiger un facrifice. Notre fidélité nous en fait un devoir ; mais un devoir auffi facré, comme Repréfentans de la Patrie, nous oblige à vous démontrer l'impoffibilité d'ajouter de nouvelles charges à celles dont le poids devient de jour en jour plus accablant.

C'eft une tâche que MM. les Commiffaires, chargés du travail fur l'impôt, ont remplie de la manière la plus fatisfaifante : en y joignant quelques obfervations nouvelles, nous devons rendre juftice à leurs recherches. Solidité de bafes, exactitude de calculs, jufteffe & force de raifonnement, tout fe trouve réuni dans leur mémoire, tout nous y paroît concluant, & nous
avons

avons de la peine à nous perfuader, que le miniftère ne re-
connoiffe combien l'abonnement qu'il nous propofe eft au-deffus
de nos forces.

Le calcul fur lequel porte la demande de 434'o18 liv. 7 fous
7 deniers, eft fondé fur une bafe qui ne fauroit être admife.
Le vingtième levé en 1756, par des Vérificateurs étrangers au
pays, ou intéreffés à fe faire valoir, étoit difproportionné aux
facultés de la Province, & fon produit exhorbitant n'entroit
dans le tréfor de Sa Majefté, que diminué par les frais d'une
régie onéreufe, dont on ne préfente pas la déduction.

L'intérêt du peuple & celui du Souverain fe réunirent pour
changer en abonnement une adminiftration fatigante pour les
fujets, & peu lucrative pour le Prince. Par Arrêt du 7 Juin
1757, l'impofition du Rouffillon fut fixée, pour les deux vingtièmes & quatre fous pour livre du premier, à la fomme de
209'000 liv.

Cet abonnement fut augmenté, le 6 Avril 1772, de 38'690
liv., progreffion au-moins proportionnée à celle qu'avoient éprou-
vée les vingtièmes dans tout le Royaume.

Il eft vrai qu'à cette époque, les défrichemens, dont on a fenti
depuis l'inconvénient, & plufieurs caufes morales connues du miniftère, avoient donné aux blés un prix au-deffus de leur valeur
réelle; mais les vins, alors en faveur, multiplièrent fur-tout
le numéraire, & cette richeffe accidentelle produifit parmi les
fermiers, une émulation dont ils eurent bientôt fujet de fe
repentir.

En effet, les inondations de ce même hiver, la guerre, qui
concentra le commerce, anéantirent leurs efpérances; & cette
même époque eft défaftreufement mémorable par les banque-
routes qui fe fuccédèrent.

Nos plaies faignoient encore, lorfque le miniftère demanda
une augmentation de cent cinquante mille livres, fur les vingtièmes, augmentation qu'il fuppofoit proportionnée à celle de
nos fortunes. M. de St.-Sauveur, environné de contribuables
fans reffources, peignit au Gouvernement la détreffe de la Province avec des couleurs fi vraies & fi touchantes, que l'adminiftration, convaincue de la réalité de nos maux, borna fa
demande à une fomme de dix mille livres, qu'elle promit même

Accapa-
rement
des blés
en 1774.

K

d'accorder annuellement en ateliers de charité ; ce qui a été ef-
fectué jufqu'à ce jour.

C'eft, à 250 liv. près, le montant de l'abonnement fixé par
l'Arrêt du Confeil du 16 Décembre 1780 ; abonnement qui ne
devoit expirer qu'en 1790.

Au moyen de ces divers accroiffemens, le Roi percevoit fur
le Rouffillon les $\frac{6}{25} + \frac{1}{10}$; ce qui mettoit fa contribution au niveau
de celle des Provinces régies, aveu configné dans l'Arrêt du
16 Décembre 1780.

Sa Majefté paroît aujourd'hui perfuadée, que le progrès des
fortunes depuis cette époque, lui permet d'exiger fur les vingtièmes de la Province, un furcroît de $\frac{3}{12} + \frac{1}{5}$.

Mais, la fituation de la Province peut-elle fe prêter à de
nouveaux facrifices ? Elle ne fauroit être comparée aux autres
Provinces du Royaume qui ont une agriculture floriffante, un
commerce étendu, des manufactures animées, des ports fré-
quentés, des canaux navigables.

Jeté dans un coin écarté du Royaume, ayant peu de liaifon
avec les pays limitrophes, le Rouffillon, fans manufactures
& prefque fans commerce, n'a qu'un feul port, encore peu fré-
quenté. Il ne connoît aucun de ces moyens qui vivifient une
Province, & y entretiennent l'aifance. Le vingtième d'induftrie
y eft, pour ainfi dire, nul : fa charge retombe, en grande partie,
fur le malheureux artifan & fur le journalier, qui, dans plufieurs campagnes, paîtrit d'un fon groffier le pain dont il fe
nourrit. Il eft fenfible que cet impôt n'eft point fufceptible
d'accroiffement.

D'un autre côté, les terres, quoique préfentant une fuper-
ficie riante, ont, en général, peu de fonds : lavées par des
inondations fucceffives, elles ont perdu le principe de leur fé-
condité ; & fi les dommages caufés par les derniers débordemens,
euffent été évalués, comme ils le furent en 1763, 1766, 1772
& 1777, on auroit à oppofer au Gouvernement une fomme de
dégradations effrayante.

La pofition phyfique du Rouffillon, entre des montagnes
qui fervent de réfervoir aux torrens qui ravagent la plaine, & la
mer, qui les repouffe, ne laiffe pas à l'agriculteur un moment

de fécurité. Lutant fans cefle contre trois fléaux également re-
doutables, tantôt fes récoltes font détruites par des pluies ex-
ceffives, tantôt par des vents impétueux, ou calcinées par un
foleil brûlant. L'incertitude des produits a découragé les fermiers, devenus circonfpects par une funefte expérience, &
les biens ont perdu leur valeur.

Tout eft refté dans une langueur qui ne permet point de fe
livrer à l'efpérance. Le prix du blé, qui eft la denrée la plus
effentielle, n'a pas éprouvé de variation fenfible depuis plus de
dix ans : fon prix actuel eft plutôt un prix d'opinion, qu'une
preuve de fon débit ; au-contraire, le falaire des journaliers,
la main-d'œuvre & le prix des viandes ont augmenté d'un tiers,
& augmentent chaque année. Les vins, principal objet de notre
commerce, ont éprouvé dans leur vente un rabais fi confidérable, que la culture des vignes eft négligée, &, dans plufieurs
cantons, abandonnée, comme tournant en pure perte. Les droits
exhorbitans fur les huiles, ont nui à la multiplication de l'olivier : ceux qu'on perçoit fur les cuirs & fur les fers, ont éteint
toute activité dans cette branche d'induftrie ; enfin, la langueur
des manufactures du Royaume, occafionnée par la libre circulation des draps de fabrique angloife, que la nouveauté rend
précieux, va diminuer le prix de nos laines, qui paroiffoit
s'être relevé depuis deux ou trois ans.

Dans ces circonftances, la Province, touchée des befoins de
l'état, a fupporté, fans fe plaindre, un troifième vingtième qui
aggravoit fa fituation : elle en reffent encore le contre-coup, &
l'on affure que le recouvrement de ce furcroît d'impofition, pénible dans plufieurs Provinces du Royaume, eft encore confidérablement en retard dans celle-ci.

Il eft à craindre, Meffieurs, que tant de charges accumulées
fur les malheureux habitans de cette frontière, ne rendent plus
fréquentes, fur-tout dans les montagnes, des émigrations déjà
trop fenfibles. Des familles entières, au rapport de MM. les Députés de la Cerdagne & du Vallefpir, ont été chercher dans un
Royaume voifin, où les rappeloient d'anciennes habitudes, une
fubfiftance que l'accroiffement des impôts rendoit difficile dans
le lieu de leur naiffance. Ces émigrations peuvent fe multiplier :
elles feront impreffion fur le cœur fenfible du Roi, & digne

succeffeur d'Henry IV. Louis XVI dira comme ce bon père du peuple, dans une occafion femblable : *Je ne veux pas qu'il foit dit que mes fujets quittent mes états, pour aller vivre fous un Prince meilleur que moi.*

D'après toutes ces confidérations réunies, nous fommes convaincus, Meffieurs, que l'état préfent de la Province fe refufe à un fupplément quelconque de vingtièmes. N'eft-il pas d'ailleurs à craindre qu'un établiffement nouveau, qui n'a pu encore, par des opérations bienfaifantes, fe concilier l'eftime du peuple, ne s'expofe à perdre abfolument fa confiance, par une condefcéndance qui lui paroîtra fufpecte ? Mais la fidélité, qui fait le caractère particulier des Rouffillonois, & le glorieux titre de leur capitale, nous engage à donner dans ce moment à un Souverain qui cherche, dans des économies même perfonnelles, le foulagement de fes fujets, une marque du défir que nous avons de concourir à la fageffe de fes vues.

Nous fouhaiterions en conféquence, qu'il fût délibéré, d'offrir à Sa Majefté, en accroiffement des vingtièmes de la Province, jufqu'en 1790, une fomme annuelle de 30,000 liv., non comme une preuve de nos forces réelles, mais comme un gage volontaire de l'amour & du refpect dont nous fommes pénétrés pour fa Perfonne.

Cependant, nous eftimons qu'en faifant cette offre, la Province doit demander,

1°. Que les frais de régie, confection de rôles & non-valeurs, &c. foient attribués à l'Affemblée, dans la même forme & dans la même proportion que par le paffé, pour, par elle être pourvu à ces différens objets.

2°. Que les contributions refpectives des domaines du Roi, du Clergé, de l'ordre de Malthe & des Hôpitaux, données en augmentation pour la fomme de 31,339 liv. 16 fous 6 den. foient garanties comptant par Sa Majefté, quand même elles ne s'élèveroient pas à cette fomme, ce qu'on a lieu de craindre.

3°. Enfin, que Sa Majefté, continuant à la Province du Rouffillon, le bienfait d'une fomme de 10,000 à 15,000 livres, qu'elle lui accorde annuellement, pour être employée en ateliers de charité, permette qu'elle foit prife fur la totalité des impofitions, & daigne même l'augmenter d'une fomme proportionnée à l'accroiffement de fes vingtièmes.

La matière mife en délibération, l'Affemblée prenant en confidération les motifs expofés dans les rapports ci-deffus, & notamment que le Rouffillon ne fauroit être comparé aux autres Provinces du Royaume, qui, à l'avantage d'avoir des manufactures & un commerce étendu, joignent une agriculture floriffante ; que, privée de commerce & d'induftrie, celle-ci n'a de reffource que dans les produits très-incertains de fon fol ; que depuis 1780, époque du dernier abonnement, qui avoit mis cette Province au niveau du refte du Royaume, les terres y ont éprouvé une détérioration fenfible, par les défaftres fréquens qui naiffent de la pofition phyfique du pays ; que les baux à ferme ont baiffé par le peu de cours du blé, par le difcrédit des vins, & par le défaut de numéraire qui en eft la fuite ; que la population même perd chaque jour par des émigrations nuifibles à l'agriculture ; que, dans ces circonftances, tout facrifice volontaire paroîtroit fufpect au peuple, dont lad. Affemblée n'a pas eu ni le temps, ni les moyens d'acquérir la confiance ; partagée cependant entre l'attention qu'elle doit à fes intérêts, & le défir qu'elle auroit de donner au Roi une marque de fon amour & de fa reconnoiffance refpectueufe,

A réfolu, à la pluralité des voix, que Sa Majefté fera fuppliée d'accepter, en augmentation de l'abonnement des vingtièmes de la Province, une fomme de 20,000 liv. par an, jufqu'en 1790 inclufivement ; non comme une preuve de fes forces réelles, mais comme un gage de fa fidélité & de fon obéiffance.

A réfolu encore, de prier M. le Commiffaire du Roi & Mgr. l'Evêque, Préfident, de mettre fous les yeux du Roi, la fituation de la Province, & d'interpofer leurs bons offices, tant auprès de Sa Majefté, qu'auprès de fes Miniftres, pour leur faire agréer une offre, qui, toute modique qu'elle pourra paroître, eft cependant bien fupérieure aux facultés de la Province.

La délibération ainfi prife, Mgr. l'Evêque, Préfident, a repréfenté que, fe trouvant en même-temps le chef du Clergé du Diocèfe qu'il a l'honneur de préfider dans fes Affemblées particulières, il croyoit devoir, en cette qualité, prévenir l'Affemblée provinciale, que le Clergé du Rouffillon ne manqueroit pas de remontrer à Sa Majefté, qu'il avoit toujours joui, ainfi que celui de France; du droit de ne payer aucune impofition, que par voie de Don-Gratuit ; qu'il étoit même inftruit que le Clergé de France devoit s'affembler au mois de Mars prochain, pour porter aux pieds du Roi, fes remontrances fur cet objet, & le fupplier d'y avoir tel égard que de raifon: qu'en conféquence, il efpéroit que l'Affemblée provinciale , nonobftant la teneur de la fufdite délibération , voudroit bien attendre , avant d'impofer le Clergé de la Province, que le Roi eût fait connoître plus pofitivement à l'Affemblée générale du mois de Mars prochain, fes intentions à cet égard; auxquelles il fe faifoit, d'avance , un devoir de fe foumettre , ainfi que fon Clérgé , dont il ne doute pas que les difpofitions ne foient les mêmes. A quoi l'Affem-blée a déclaré ne faire aucune oppofition, & cependant a donné audit Seigneur Evêque , Préfident, acte de fon dire & réquifition.

Fait & arrêté à Perpignan, les jour & an que deffus. *Signés,* J. G. Evêque d'ELNE, Préfident. T. RAMON, Secr. Greffier.

Du 28 Décembre 1787.

Ledit jour 28 Décembre 1787 , les Bureaux ont travaillé chez MM. leurs Préfidens refpectifs.

HUITIEME SÉANCE

Du 29 Décembre 1787.

LEDIT jour 29 Décembre 1787, à dix heures du matin , l'Affemblée réunie dans le lieu ordinaire , M. Sylveftre Parès , de Prats-de-Mollo, nommé le 17 de ce mois, en remplacement du fieur Jean Tarès, décédé avant la tenue de la préfente Affemblée, a pris place parmi les repréfentans des Villes , étant attaché à l'arrondiffement d'Arles, qui fe trouve ainfi complet.

MM. les Procureurs-Syndics ont enfuite préfenté & lu à

l'Affemblée, deux Mémoires qui leur avoient été remis précédemment ; l'un, par le fieur Blaife Hortet, de la ville de Prades ; & l'autre, par le fieur Clément, de Marfeille.

Le premier repréfentoit, qu'établi tout récemment à Prades, il y fabrique, avec des laines du pays, des draps d'une qualité fupérieure à tout ce qui, dans ce genre, eft forti jufqu'à préfent des petites Fabriques de la Province : qu'en conféquence, il fe faifoit honneur d'offrir à l'Affemblée fes premiers effais, la fuppliant de daigner prendre, fous fa protection, un établiffement qui a befoin d'encouragement & de fecours, pour l'acquifition de divers inftrumens & machines néceffaires à la perfection de fes draps, & notamment pour la conftruction d'un Moulin à foulon ; à défaut de quoi il étoit obligé d'envoyer fes draps à Carcaffonne ; pour y recevoir l'apprêt & la teinture, ce qui les renchériffoit.

Le fecond expofoit, qu'ayant reconnu la ville de Prades propre à l'établiffement d'une manufacture de bonnets pour le Levant, manufacture qui emploieroit une grande quantité de laines du pays, & donneroit de l'ouvrage à une grande partie du peuple de ces cantons, il eft arrêté par la crainte, que quand il aura formé des ouvriers, ceux-ci ne le quittent, pour paffer à d'autres fabriques, féduits par l'appas du gain : en conféquence, il fupplioit l'Affemblée de s'intéreffer en fa faveur, pour lui obtenir du Gouvernement, un privilége exclufif pour fix ou huit ans, &, s'il étoit poffible, la prime ordinaire de 12 fous par douzaine de bonnets.

L'Affemblée prenant en confidération ces deux Mémoires, & voulant témoigner aux expofans le défir qu'elle a d'appeler & d'encourager dans la province une induftrie qui lui eft étrangère, & qui emploiera, fur les lieux mêmes, une partie de fes laines, a chargé MM. les Procureurs-Syndics d'affurer les expofans, de fa protection, & de l'intérêt qu'elle prend à leur fuccès ; & néanmoins a délibéré, que les deux Mémoires feront renvoyés au Bureau du Bien public, pour donner fon avis, &, fur fon rapport, être ftatué ce qu'il appartiendra.

Fait & arrêté à Perpignan, les jour & an que deffus. *Signés,* J. G. Evéque d'ELNE, Préfident. T. RAMON, Secr. Greffier.

NEUVIEME SÉANCE.

Du 30 Décembre 1787.

MESSIEURS les Procureurs-Syndics ont préfenté à l'Affemblée les réfultats de leur travail fur les routes de la Province , & ont dit :

C'eft pour nous , Meffieurs , une tâche réellement pénible ,
que de vous préfenter l'état de nos chemins : ceux qui , dans
les autres Provinces , font chargés de ces rapports , fixent les
yeux de leurs Affemblées , fur des routes perfectionnées , fur
des ouvrages d'art, dont les projets font grands, dont l'exécution
eft brillante. Pour nous , Meffieurs , c'eft fur des ruines que
nous devons arrêter votre attention.

En effet , vous faire l'hiftoire de nos chemins , c'eft vous
retracer l'hiftoire de nos malheurs, c'eft r'ouvrir des plaies qui
vraifemblablement faigneront encore long-temps. Vous gémirez
fur la grandeur de nos maux , & fur la foibleffe des moyens
que nous avons pour y remédier.

Nous ne craindrons pas de vous décourager en vous expofant
les premiers dans toute leur étendue. Ils ont leur fource dans
la pofition phyfique du Rouffillon. Les montagnes qui le ceignent
donnent naiffance à une infinité de torrens , qui joignent, à un
volume d'eau très-confidérable , l'impétuofité d'une chute prefque
perpendiculaire : de-là la néceffité de multiplier fur fes routes
les ouvrages d'art ; de-là la ftabilité fi précaire de ceux qui
exiftent. Les chauffées elles-mêmes , entamées par des ravins ,
ou percées par des rivières , font plutôt des monumens de nos
défaftres , que des témoins des dépenfes employées à leur
confection.

Pourquoi faut-il vous rappeler un fouvenir amer ! Vous avez
vu depuis vingt ans des inondations fucceffives détruire ou
ébranler les ponts qui affuroient la communication du Languedoc

guedoc avec l'Efpagne. Ceux de l'intérieur de la province ont
été pour la plûpart ou endommagés ou emportés ; de nouveaux
chemins ont exigé de nouvelles conftructions ; les fonds partagés
fuffifent à peine à pofer des fondemens ou à ébaucher des
ouvrages.

    Le premier dont nous allons vous rendre compte, vous l'avez
fous vos yeux ; c'eft la digue Orry. Vous favez qu'elle doit fon
exiftence à l'Intendant de ce nom. Son objet eft de protéger
la communication du Languedoc avec Perpignan & l'Efpagne ;
elle fert encore de préfervatif à des terres précieufes, en contenant la rivière de la Tet dans fon lit : elle a en longueur 450
toifes. Formée d'abord avec du fable & du gravier, & défendue
par des fafcines lardées de piquets, elle fut entamée par diverfes
inondations, & enfin totalement rompue par les crues multipliées de 1777. On la répara provifoirement par des ouvrages
qui, quoique difpendieux, ne lui donnèrent aucune folidité.
Inftruite par l'expérience, l'Adminiftration, d'après des vues
plus fages, ordonna que le talus regardant la rivière, feroit
revêtu d'un perré avec jetée, dont les plans & devis, tels qu'on
les fuit aujourd'hui, furent dreffés le 19 Juillet 1778, par
M. de Montgazon, Ingénieur en chef de la province, & ho-
mologués au Confeil.

    Par ce devis, cette digue doit être prolongée jufqu'à une
longueur de 1050 toifes : il en doit être formé une pareille du
côté des Capucins, & toutes les deux aboutir aux extrémités
oppofées du pont de pierre, & même être prolongées en aval
du même pont, fur une longueur de 160 toifes.

    Il eft encore prefcrit de creufer un canal à la rivière de la
Baffe, afin que, lors des crues, cette rivière fe jetant obliquement dans celle de la Tet, ne foit pas forcée de refluer fur la
ville, & de s'étendre fur les terrains riverains. On a commencé
à ouvrir ce canal, & fon bord méridional fe trouve déjà revêtu
d'un perré pareil à celui de la digue.

    L'Adjudication de la totalité de ces ouvrages, fuivant le rap-
port de l'Ingénieur, fut faite le 7 Novembre 1780, à Pierre
Pradal, pour le prix de 395,000 liv. François Seftach y fut

(marginal note: Digue Orry.)

(marginal note: Canal de la Baffe.)

L

subrogé le 22 Décembre 1782, & enfin, le sieur Louis Pons, par ordonnance du 1er. Janvier 1787.

Les dépenses faites pour des restaurations provisoires de la digue, la nécessité où l'on a cru se trouver de la prolonger en aval du pont, sur la rive septentrionale, ont tellement absorbé les fonds, qu'il n'y a que 310 toises 2 pieds de perré fait au talus de la digue, & que l'on a déjà dépensé 325,640 livres 13 sous 9 deniers ; de forte qu'il ne reste à y employer que 69,359 livres 6 sous 3 deniers.

Dans ces circonstances, l'Ingénieur voyant l'insuffisance des fonds qui restent pour remplir le devis, a proposé au Conseil, de borner la longueur de la digue à la pointe dite *de l'Escure*, ce qui la diminueroit considérablement, & de suppléer au retranchement projeté, par des épis en pierre, de distance en distance, dont les intervalles seroient remplis de plant : par ce moyen on réduiroit considérablement la dépense, & on atteindroit le même but.

Ce projet fut approuvé au Conseil le 24 Juillet 1786, avec une modification qui exige quelque attention de votre part. D'après son ordonnance, les épis à construire dans la partie supérieure, doivent être perpendiculaires à l'axe de la rivière ; l'avis du sieur Gallion étoit qu'ils fussent obliques, ce qui étant conforme à la pratique & à l'expérience de la province, nous paroît mériter la préférence.

Nous vous observerons, Messieurs, que la dissolubilité des matières qui composent originairement cette levée, exigeroit qu'une grande partie, & mieux encore la totalité du Champ de Mars, fût couverte de plantations ; les eaux qui, dans les crues extraordinaires, surmonteroient la digue, y déposeroient leur sédiment, & formeroient insensiblement une nouvelle barrière qui en assureroit la stabilité.

Cette alarme n'est point vaine ; les défrichemens qui, malgré le dernier édit, continuent à dépeupler nos montagnes des bois qui les couvroient, rendent chaque nouveau débordement plus considérable que les précédens ; & ce n'est plus tant le volume des eaux qui est à redouter, mais la montagne toute entière qui descend dans la plaine.

Les mêmes crues de 1777, qui coupèrent la digue Orry,

ébranlèrent le pont de pierre, & lézardèrent fa dernière arche;
la plus grande partie de celui des eaux vives fut endommagée
ou emportée; des travées de chêne y fuppléèrent pendant quelque
temps; mais bientôt on fe vit forcé de condamner ce pont; &
afin que la communication ne fût pas abfolument interrompue,
on conftruifit fur fa droite, au moyen d'une petite levée & de
deux ponceaux en bois, un chemin provifoire, qui eft fubmergé
à la moindre inondation.

Ces objets, qui intéreffent particulièrement la ville de Perpignan, le commerce de la province dont elle eft le centre,
la liaifon des deux royaumes, ces objets, Meffieurs, nous paroiffent être de la plus grande importance; nous eftimons même
qu'il feroit convenable de confacrer à des ouvrages fi néceffaires,
les premiers fonds dont vous pourrez difpofer.

Les mêmes confidérations follicitent le rétabliffement du pont
fur l'Agly. Sa chûte, dans le mois de Janvier dernier, a mis le
comble à nos défaftres; il en refte une partie qu'il eft précieux de
conferver: les débris amoncelés des arches renverfées offrent
encore une partie des matériaux néceffaires à fa reconftruction;
il eft à craindre que les inondations ne les difperfent. Il y auroit fans doute de l'économie à accélérer le rétabliffement d'une
communication fi importante; mais la foibleffe de nos moyens
nous prive de cet avantage, & tout notre efpoir eft dans la
bienfaifance du Gouvernement, dont l'intérêt eft ici d'accord
avec nos befoins. *Pont fur l'Agly.*

Environnés de ruines, dénués de reffources, c'eft avec peine,
Meffieurs, que nous allons vous entretenir de nouvelles conftructions.

Nous devons à M. de Clugny le projet de la route du Conflent. On ne fauroit difconvenir qu'elle ne foit très-utile, au-moins
jufqu'à Villefranche; elle offre fur fa longueur un grand nombre
d'ouvrages d'art à exécuter. Dans le devis dreffé par M. de la
Tour, il étoit prefcrit de conftruire vingt-un ponts ou ponceaux
en maçonnerie, pour l'établiffement defquels, ou pour efcarpement de rochers, il fut fait à François Seftach, le 23 Août
1783, une adjudication montant à la fomme de 93,600 livres: *Route de Perpignan en Efpagne, par Mont-louis & Puigcérda.*

à celui-ci a été fubrogé le fieur Louis Pons, par ordonnance
du 1er. Janvier 1787. Il a déjà été dépenfé fur cette fomme,
celle de 57,082 liv. 11 f. 8 den., favoir, 53,307 liv. 3 f. 1 den.
pour conftructions, & 3,775 liv. 8 f. 7 den. pour réparations
de dégradations imprévues, ou pour indemnités accordées à
des particuliers, pour arbres ou vignes arrachées. Il refteroit
donc à dépenfer, fur le montant de cette adjudication, 36,517 l.
8 f. 4 den.; mais à raifon de quelques ponts omis, l'Ingénieur
a été autorifé à la refondre, & nous attendons fon travail pour
avoir l'honneur de vous en rendre compte.

M. l'Ingénieur eft d'avis qu'on conftruife, dans la campagne
prochaine, les ponceaux de Perpignan au Soler : cette difpofition
nous paroît jufte. Le défaut de ces ponts prive le public du
nouveau chemin, & le particulier qui l'a fourni, du produit
qu'il retireroit de l'ancien.

Nous obfervons qu'il feroit avantageux que ces différens
ponts ou ponceaux fuffent adjugés féparément: la modicité de
l'entreprife exciteroit des rivalités, attireroit des concurrens,
dont le nombre procureroit des rabais. Une adjudication qui
exige une grande mife de fonds, ne peut convenir qu'à une
compagnie opulente, & malheureufement, ou par la connivence
des parties, ou par le défaut de numéraire, il ne s'en eft
préfenté jufqu'à préfent qu'une qui a tout embraffé. Si les vues
que nous vous propoferons fur ce chemin, dans l'article des
corvées, font accueillies, il y auroit une réduction confidérable
dans les ouvrages d'art.

Pont d'Elne. Le curage du Port-Vendres, unique port de la province,
dont nous devons la reftauration à M. le Maréchal de Mailly &
à l'attention éclairée qu'il ne ceffe de porter à tout ce qui intéreffe la profpérité du Rouffillon, eft près de fon état de perfection; mais le commerce qu'il appelle, a néceffité une nouvelle route, & afin que les débordemens du Tech n'en rom-
piffent jamais la communication, le pont d'Elne a été réfolu.
L'adjudication en fut faite au fieur Louis Pons, le 14 Avril 1787,
pour le prix de 360,800 liv. fur laquelle les épuifemens néceffaires
à la fondation des piles & culées ont été compris pour celle
de 58,000 liv. L'Affemblée pourra prendre infpection des plans

devis & détails eſtimatifs de ce pont. Tout ce qui eſt fait
juſqu'à ce jour ſe borne à ce qui ſuit:

Les pilotis de la culée du côté d'Argelés, ainſi que partie
de ceux de la pile du même côté, ſont battus au premier refus
du mouton: ceux de la culée du côté d'Elne, le ſont abſolu-
ment pour recevoir les fondations; le batardeau eſt conſtruit,
mais la culée n'a pu être fondée. M. l'Ingénieur ſe propoſe de
vous déduire, dans un mémoire particulier, les raiſons qui en ſont
cauſe.

Il y a en fonds, faits pour cet objet, la ſomme de 70,994 l.
de ſorte que pour compléter le montant de l'adjudication, il
reſte à ſe procurer 287,806 liv., en ſuppoſant toutefois que
les frais d'épuiſement n'excèdent pas la ſomme prévue par
M. l'Ingénieur; ce qui nous paroît à craindre.

Vous remarquerez, Meſſieurs, que les fonds faits, devoient
s'élever à la ſomme de 80,000 livres, en y comprenant les
25,000 livres, pour le premier quart de 100,000 liv. accordées
par le Gouvernement, pour ſecours extraordinaires; mais il a été
retenu, ſur cette dernière ſomme, celle de 9006 liv. pour frais
généraux de l'adminiſtration des ponts & chauſſées. Vous pouvez
vous en convaincre par la lettre de M. de la Millière, en date
du 11 Juin 1787. Nous ne pouvons vous dire pour quelle quotité
annuelle le Rouſſillon participe à ces frais, l'Ingénieur n'ayant
pu nous rien apprendre à ce ſujet; mais nous ſavons de M. l'Intendant, que, dans une autre occaſion, il fut retenu environ
13,000 liv.; c'eſt à votre ſageſſe, Meſſieurs, à déterminer s'il
n'y auroit pas quelque éclairciſſement à demander au Miniſtère
à cet égard.

Parmi les ouvrages confiés à votre direction, il faut comprendre le Port-Vendres. Il a été juſqu'à préſent entretenu ſous
l'inſpection du génie militaire, ſur des fonds particuliers qui
n'exiſtent plus, & dont l'emploi touche à ſon terme. Ce port
a été claſſé au nombre des ports maritimes de commerce; il
eſt de l'intérêt de la province & de l'état de le conſerver; le
négliger, ce ſeroit perdre le fruit des avances qui ont rendu à
votre commerce un débouché avantageux. Il eſt d'ailleurs, par
lui-même, de la plus grande importance: c'eſt le ſeul refuge,

Port-
Vendres.

dans le golfe de Lyon, pour les vaiffeaux du Roi, qui, depuis Toulon, jufques bien en avant dans l'Efpagne, ne peuvent efpérer d'autre afile.

Cette confidération avoit déterminé le Miniftère à nous accorder, à la follicitation de M. le Maréchal de Mailly & de M. de Saint-Sauveur, fur les ports maritimes de commerce, une fomme annuelle de 20,000 liv. pour fon curage & entretien. La lettre de M. de la Millière, du 30 Mars 1787, nous fait craindre la fufpenfion d'un fecours indifpenfable. Dans cette circonftance, nous croyons que l'Affemblée provinciale doit s'occuper inceffamment de fupplier Sa Majefté de lui continuer un bienfait qui fuppléera à l'infuffifance de fes moyens, & aux foibles reffources qu'elle pourroit obtenir d'une induftrie très-bornée, & d'un commerce naiffant.

Nous agiterons, dans la partie de ce mémoire concernant la corvée, s'il ne feroit pas plus avantageux de borner, quant à préfent, à Olette, le chemin de Perpignan à Puigcerda, & d'entreprendre de préférence la route de Touloufe par Eftagel, qui préfente des avantages particuliers, que nous déduirons dans cet article. Dans ce cas, il y auroit deux ponts à établir; l'un fur la rivière de l'Agly près d'Eftagel, & l'autre fur le torrent de la Maury. Nous tenons de M. de Saint-Sauveur, que leur dépenfe a été évaluée, il y a quelques années, à 220,000 l. & que les Etats de Languedoc avoient arrêté, fur cette eftimation, d'y contribuer par moitié.

La route d'Efpagne exige auffi quelques ponts très-importans fur les rivières du Réart, de Polleftres & du Tech, près du Boulou, & fur un ravin appelé la Riéra, dont le paffage, difficile pour les voitures, eft un coupe-gorge dangereux pour les voyageurs. Celui du Tech nous paroît le plus utile, les autres rivières n'étant que des torrens qui n'interceptent la communication que pour quelques heures.

Au-refte, Meffieurs, nous ne vous propofons pas de vous occuper inceffamment de la conftruction de ces ouvrages; leur utilité eft certaine, mais elle doit être fubordonnée à la foibleffe de nos moyens & à la préférence que méritent ceux qui doivent être exécutés fur la route de Perpignan à Narbonne; nous ne fommes entrés dans ces détails, que pour vous prouver notre exactitude.

La première idée qui se présente, Messieurs, à la vue du travail que nous venons de vous offrir, est une idée de découragement que nous craignons de vous faire partager. Vous allez être effrayés du total qui va être mis sous vos yeux. Les adjudications de deux seuls articles, les digues & le pont du Tech, montent à 755,800 liv. Cette somme, qui, par des évènemens imprévus, est devenue insuffisante pour la perfection de ces ouvrages, doit être acrue de celle de 1,700,000 liv. à quoi nous évaluons, par apperçu, la dépense du pont de pierre, de celui des eaux vives, du pont de l'Agly sur la route de Narbonne, des ponts & ponceaux sur celles de Puigcerda & de Colliouvre, & enfin, de ceux à établir sur la route d'Espagne & sur celle d'Estagel. Le montant réuni de ces entreprises, s'élève à plus de deux millions.

Vous allez sans doute exiger de nous la connoissance des moyens que nous avons pour subvenir à cette dépense énorme : vous serez étonnés de leur foiblesse, nous dirions presque de leur nullité.

La recette annuelle sur laquelle il vous est permis de compter, monte à 46,000 liv. : elle provient en partie du droit de Réal, & en partie d'une somme de 15,000 liv., levée sur l'imposition ordinaire de la Province, qui furent affectés à la confection des ouvrages d'art, par les articles IV. & VI. de l'Arrêt du Conseil du 25 Février 1749, & Lettres-Patentes sur icelui, du 7 Août suivant.

Cette dernière somme est payée par le Receveur-général des impositions de la Province, ci. . . . . . 15,000 liv. ⎫
La première a été convertie en une augmentation sur le sel, par Lettres-Patentes du 14 Février 1785, portant suppression des traites, &c., & fixée au prix du dernier bail, montant annuellement à . . . . 31,000 ⎬ 46,000 liv.
⎭

A la vue de tous les ouvrages que des circonstances critiques rendoient nécessaires, M. l'Intendant, pénétré de l'insuffisance des fonds qui y étoient destinés, obtint du Gouvernement, pour 10 ans, à compter de 1780, une somme de 25,000 liv.,

fous la condition expreffe qu'il en feroit levé une pareille, &
pour le même terme, fur la Province.

Il fut jugé convenable d'affeoir ce furcroit d'impofition fur
les vingtièmes, afin que la charge en fût fupportée par la claffe
des propriétaires fans exception, proportionnellement à leur
fortune, ce qui a été exécuté, à compter de 1781.

Mais, à mefure que le Gouvernement venoit à notre fecours,
& que nous nous épuifions pour feconder fes vues, la nature
paroiffoit s'armer de l'inclémence des faifons, pour confommer
notre ruine. Des inondations multipliées causèrent de nouveau
à la Province un mal ineftimable. Le Roi en eut connoiffance,
& nous dûmes à fa bienfaifance une fomme de 100,000 liv.,
payable en 4 ans, par forme de dédommagement ou fecours
extraordinaire.

Le premier quart de cette fomme, à la retenue près de
9006 liv. dont nous avons fait mention, a dû être compté pour
l'exercice de 1786. Il vous refte donc à difpofer de 75'000 liv.

Joignez-y deux années de 25,000 liv.

Du Gouvernement, ci. . . . . 50'000 liv.⎫ 125'000
Et trois années de la Province, ci. . 75'000   ⎭

T O T A L . . . . 200'000

En y ajoutant trois années de 46'000 liv., revenu
annuel faifant en tout . . . . 138'000

Vous aurez à difpofer, pendant le cours de trois
ans, de la fomme de . . . . 338'000

Sur quoi cependant il faut prélever les falaires ou gratifications de MM. les Ingénieurs & Employés aux ponts & chauffées, qui montent, par an, à près de 18'000 liv.

Vous voyez par ce détail, Meffieurs, que vous ferez forcés,
avant la fin de 1789, d'avoir de nouveau recours à la bienfaifance du Gouvernement, à moins que vous ne preniez le parti
défaftreux de renoncer à la plus grande partie des ouvrages
d'art de la Province, crainte contre laquelle votre fageffe nous
raffure.

Tel

Tel eft, Meffieurs, l'état des ouvrages d'art que vous avez à entreprendre ou à finir. Il nous refte, pour compléter la tâche que nous nous fommes impofée, à vous rendre compte des travaux de corvée.

Vous favez, Meffieurs, que par Arrêt du Confeil du 6 Novembre 1786, la corvée a été convertie en une preftation en argent, qui ne doit jamais excéder les trois cinquièmes de la capitation roturière. Pour ne pas rendre cet impôt vraiment accablant pour le peuple fur lequel il pèfe, M. l'Intendant crut convenable de ne pas lui en faire fentir tout d'un coup la charge entière ; & en conféquence, cet impôt, qui, en prenant les trois cinquièmes juftes, s'élèveroit à la fomme de 85'454 liv., fut modifié, pour l'année 1787, à-peu-près à un quart au-deffous, ce qui produifit une fomme de 64'334 liv.

M. l'Intendant avoit en vue d'augmenter progreffivement chaqué année la contribution repréfentative de la corvée, jufqu'à ce qu'enfin elle s'élevât à celle portée dans l'Arrêt du Confeil. Quant à nous, Meffieurs, nous eftimons que dans un moment où les befoins de l'état femblent nous menacer d'un furcroît d'impofition générale, il eft de votre fageffe de la fixer ou à la fomme portée par l'arrêt d'enregiftrement fait au Confeil Souverain de cette Province, de la Déclaration du 27 Juin 1787, qui défend de lever plus de deux cinquièmes du principal de la capitation roturière, & 4 fous pour livre d'icelle, ou du-moins de vous borner à la fomme arrêtée pour l'année courante. Le petit nombre des corvéables, la mifère du peuple, paroiffent vous en impofer la néceffité.

Cette modification ne préfente rien de contraire à la difpofition de l'article III de l'Arrêt du confeil, qui, en vous autorifant à lever les trois cinquièmes de la capitation roturière, ne vous a pas enlevé la douce jouiffance d'alléger le fardeau de cette contribution. Nous efpérons vous convaincre, par les détails où nous allons entrer, que, fans négliger les chemins, il eft poffible de fe borner à cette dernière fomme.

Après vous avoir rendu compte de nos moyens, nous allons, Meffieurs, vous donner une idée générale des routes fur lefquelles vous devez en ordonner l'emploi.

La Province eft coupée par plufieurs routes plus ou moins

M

effentielles : celle de Narbonne en Efpagne nous paroît la première & la plus importante, foit par rapport à la communication des deux royaumes, & à leur commerce réciproque ; foit comme fervant de centre à celui de toute la Province, dont Perpignan peut être confidéré comme l'entrepôt.

Sa longueur totale depuis la Croix-de-Fitou, limites du Languedoc, jufqu'au Pertus, frontière d'Efpagne, a 26'492 toifes, qui, à 2000 toifes la lieue, font 13 lieues 492 toifes. Cette route fe divife naturellement en deux parties, dont Perpignan eft le centre ; la première, qui joint le Languedoc, a 10'974 toifes de longueur, fur une largeur de 36 pieds, & fouvent au-delà ; celle qui fe termine aux frontières d'Efpagne a 15'518 toifes de long, fur une largeur de 30 pieds. Nous regrettons de ne pouvoir réduire la largeur de la première partie : le terrain y étant en général ftérile, ce n'eft pas tant le vol fait à l'agriculture, que nous envifageons, que la dépenfe d'un entretien plus confidérable.

Cette route, au rapport de l'Ingénieur, préfente 2146 toifes 3 pieds à l'entretien parfait, dont le prix de la toife courante, évalué, dans la partie feptentrionale, à 15 fous 6 deniers ; &, dans la méridionale, à 1 liv. 18 fous 5 deniers, offre une dépenfe de . . . . 2683 liv. 9 f. 5 den.

Et 24'345 toifes 3 pieds à réparer ou à conftruire, au prix de 10 & 11 liv. . . 257'989

_____

260'672   9   5

Nous ofons efpérer, Meffieurs, par l'expérience du paffé, & par les foins que vous porterez dans les adjudications, que cette fomme fera diminuée ; en l'eftimant par apperçu à 200'000 liv., & en y appliquant les trois cinquièmes de la capitation, nous pouvons efpérer de l'avoir, dans moins de fix ans, à fon état de perfection.

S'offrent enfuite deux routes, qu'on peut confidérer comme de la feconde place ; l'une, de Perpignan à Puigcerda ; l'autre, de Perpignan au Port-Vendres.

La première a en largeur, jufques à Villefranche, 24 pieds;

& de cette Ville jusques à Puigcerda, elle doit en avoir 18 Sa longueur, de Perpignan à Villefranche, est de 24'324 toises ; & de Villefranche à Puigcerda, 32'240, ce qui fait en tout 28 lieues un quart, & 64 toises.

Cette route, au rapport de l'Ingénieur, présente 16'437 toises à l'entretien parfait, qu'il évalue 10 sous la toise courante, ce qui donne une dépense de . . . . 8'218 liv. 10 s.

Et 40'127 toises à faire ou à réparer, à 19 liv. 15 sous, dans la partie inférieure, & à 19 liv. 19 sous dans la partie supérieure, ce qui fait. . . . . 797'877   5

TOTAL. . . . . 806'095   15

En y affectant un cinquième de la contribution, qui monte à 12'824 liv., on auroit, au bout de six ans, une somme de 76'944 liv., ci . . . . 76'944 liv.

Et ces six ans expirés, appliquant à cet objet les trois cinquièmes affectés à la route d'Espagne, qui seroit alors perfectionnée, & réservant un cinquième pour son entretien, on auroit, au bout de vingt ans, une nouvelle somme de . . . . 769'440

ET AU TOTAL. . . . . 846'384

De sorte que dans 25 ans au-plus, on auroit certainement la route perfectionnée ; & au moyen des économies que votre surveillance pourroit y porter, vingt ans peut-être suffiroient à sa confection.

La deuxième route de la seconde classe, depuis Perpignan jusques au Port-Vendres, a une largeur de 24 pieds. Sa longueur est de 14'833 toises, dont 1007 à l'entretien parfait, qui, à 3 livres la toise courante, ce qui nous paroît cher,

donne ci. . . . . 3'021 liv. fous
Et 13'826 toifes à faire ou à réparer,
au prix de 13 liv. 12 fous la toife courante,
ce qui rend. . . . . 188'033   12

ET AU TOTAL. . . . . . 191'054   12

Il ne nous refte à appliquer à cette route & à celle d'Arles
& Prats-de-Mollo, dont nous allons vous rendre compte, que
le cinquième de la contribution totale, qui fait 12,824 liv.
Comme le chemin du Port-Vendres nous paroît infiniment
plus utile, nous vous propoferons d'y appliquer les trois quarts
de cette fomme, qui font $\frac{3}{20}$ de la contribution totale, & une
fomme de 9618 liv. Au bout de 20 ans, on auroit un total de
192,360 liv., qui, vu l'excédent de ce montant fur celui du projet
de l'Ingénieur, & l'efpoir plus que probable de quelques rabais
dans les adjudications, confommeroit, dans 18 ans au plus, la
perfection de cette route.

Si l'utilité du Port-Vendres fe trouve juftifiée, comme nous
l'efpérons, par un commerce plus étendu, & qu'on envifage
comme plus preffant, d'abréger le temps confacré à perfectionner ce chemin, on y appliquera les fonds des rabais non-prévus
fur les différentes routes, les diminutions qu'il eft permis d'efpérer fur les parties à l'entretien, & tous ceux que les circonftances offriront à votre fageffe.

Le grand chemin d'Arles à Prats-de-Mollo, qui s'embranche,
au Boulou, avec la route d'Efpagne, eft de la troifième claffe,
& d'une néceffité bien moins urgente que les précédents. On
lui a donné en largeur, jufques à Arles, 24 pieds. Nous
doutons qu'il l'aye dans une grande partie, & il eût été à défirer qu'il n'eut effectivement que 18 pieds, largeur fuffifante
pour le commerce de ce canton.

Le chemin d'Arles à Prats-de-Mollo eft fixé à 12 pieds;
c'eft à vous, Meffieurs, à juger fi cette communication, dont
le commerce borné fe fait à dos de mulet, ne demanderoit
pas une réduction. Vous penferez peut-être, comme nous, que
le paffage des voitures y devient inutile: en le bornant au paf-

fage des bêtes de fomme, 8 à 9 pieds, bien entretenus, fur-
tout dans les endroits périlleux, nous fembleroient fuffifants.

La première partie de fa longueur, du Boulou jufques à
Arles, eft de 10,175 toifes; celle d'Arles à Prats-de-Mollo,
de 10,336. La première, au rapport de l'Ingénieur, préfente
la totalité de fa longueur à faire ou à réparer, *ce que, par la
connoiffance du local, nous avons de la peine à croire,* à 4 liv.
15 fous 6 den. la toife courante : il en
coûteroit 48,585   12   6

La partie d'Arles à Prats-de-Mollo
préfente 86 toifes à l'entretien parfait,
à 5 fous . . . . 21 liv. 10 f. ⎫
Et tout le refte à faire   ⎬   92,271   10
ou à réparer, à 9 liv. . . .92,250 ⎭

TOTAL 140,857   2   6

Nous avons réfervé pour ce chemin 3,206 liv. 2 f. 6 den.
appliquant 206 liv. feulement à cette feconde partie, comme la
moins effentielle & fuffifante au commerce de cette montagne,
dans l'état où elle fe trouve, avec quelques légères réparations :
il nous refteroit 3000 liv. à affecter à la première partie ; ce qui,
au moyen de quelques bonifications dans les prix des adjudications, vous permet de la voir terminer avant quinze ans.

Il nous refte, Meffieurs, à vous parler de deux chemins projetés, l'un, de Perpignan à Touloufe par Eftagel ; l'autre, du
Montlouis-en-Donezan, en traverfant le Capfir.

On vous propofe de donner au premier 24 pieds de largeur:
fa longueur feroit de 10,692 toifes; ce qui fait cinq lieues un quart,
& 196 toifes, qui, à 17 liv. la toife courante, coûteroit
181,764 liv.

Ce chemin s'embrancheroit avec celui de Narbonne, auprès
du Vernet, à 1000 toifes de Perpignan. Il joindroit le Languedoc à 800 toifes par-delà Eftagel, raccourciroit de 12 lieues
le chemin de Perpignan à Touloufe, & ouvriroit au commerce
de cette Province, un plus grand débouché pour l'exportation
de fes laines & de fes huiles.

Cette confidération nous engage à vous propofer un doute. Ne feroit-il pas plus avantageux de ne conduire, quant à préfent, que jufques à Olette, la route de Perpignan à Puigcerda, & d'appliquer à ce nouveau chemin, les fonds deftinés au premier. Celui-ci, dont le projet eft bien moins difpendieux, qui, par la nature des lieux, eft moins fujet à des dégradations, feroit plutôt conduit à fa perfection, & nous aurions l'efpoir de voir le commerce prendre naturellement fon cours fur cette route, dès l'inftant que le Languedoc, à qui la force de fes moyens permet de former & d'exécuter de grands projets, auroit, en ouvrant le Col-de-St.-Louis, facilité la communication.

Nous ne devons pas cependant vous diffimuler, Meffieurs, qu'outre deux grands ponts fur l'Agly & fur la Maury, comme nous l'avons déjà obfervé, cette route préfente encore plufieurs ponceaux à exécuter. Mais malgré tous ces objets, la dépenfe n'égaleroit pas la moitié de celle du chemin de Villefranche à Puigcerda, & feroit compenfée par une plus grande utilité.

Le chemin du Montlouis-en-Donezan, en traverfant le Capfir, auroit, felon le projet de l'Ingénieur, 18 pieds de largeur, & 11'192 toifes de longueur. Il eft, comme vous favez, tout à conftruire, & fa dépenfe, à raifon de 11 liv. 15 fous la toife, eft évaluée à 137'102 liv. Il s'embrancheroit, fur le chemin de Puigcerda, à 1200 toifes après Montlouis. Mais, nous croyons que les routes qu'on a ouvertes en Rouffillon, fuffifant au débouché de fes denrées, nous devons, non-pas abandonner, mais renvoyer à des temps plus heureux le projet d'une nouvelle communication qui, vu la pauvreté des lieux où elle aboutiroit, n'offre pas l'efpoir confolant de trouver dans des bénéfices probables, une compenfation même éloignée, des dépenfes certaines qu'elle occafionneroit.

Tel eft, Meffieurs, le tableau des routes de la province: vingt ans pourront fuffire à leur perfection. C'eft la recherche de cette époque heureufe qui nous a foutenus dans le travail aride auquel nous nous fommes livrés. Nous ne touchons point au moment où nous pourrons annoncer à la province la ceffation, ou du-moins la diminution d'un impôt dont la charge pèfe inégalement fur les différens ordres de fes citoyens. Mais ce moment, il eft doux pour nous de vous le montrer, quoique dans une perfpective éloignée : il eft encourageant d'efpérer que le commerce, dégagé des entraves qui en gênoient la circulation, augmentera progreffivement le prix de nos denrées, & rendra un jour avec ufure le prix de tant d'avances. Alors le pauvre verra, par ces mêmes routes, qu'il a cimentées de fes fueurs, qu'il a arrofées de fes larmes, refluer vers fes toits, l'abondance qui réfulte de la multitude & de la facilité des communications.

Cette lecture ayant emporté un temps confidérable, la dif-cuffion des objets y contenus a été renvoyée à une autre féance.

Fait & arrêté à Perpignan, lefdits jour & an que deffus. *Signés*, J. G. Evêque d'ELNE, Préfident. T. RAMON, Secr. Greffier.

DIXIEME SÉANCE.

Du 31 Décembre 1787.

LEDIT jour 31 Décembre 1787, à dix heures du matin, l'Af-femblée réunie dans le lieu des féances précédentes.

Mgr. l'Evêque-Préfident a dit, qu'avant de reprendre la dif-cuffion des objets préfentés à la féance du jour d'hier, il étoit convenable de procéder à la nomination d'un fujet en remplacement de Don Antoine de Travy, que l'Affemblée favoit n'avoir point accepté fa nomination ; que, d'après les recherches faites pour connoître ceux qui, dans la Cerdagne & le Capfir, réunis dans un même arrondiffement, pourroient prétendre à remplir la place vacante, le nombre des éligibles fe réduifoit à MM. Don Pierre de Paftors, Seigneur d'Enveix, & Sauveur de Montella, Seigneur de Vedrignans & de Cruells, tous deux domiciliés en Cerdagne ; que MM. les Procureurs-Syndics ayant été chargés d'écrire au premier, pour favoir de lui fi fon âge & l'état de fa fanté, qu'on favoit être dérangée, lui permettroient d'accepter fa nomination, dans le cas où les fuffrages fe réu-

niroient en fa faveur, en avoient reçu une réponfe, dans laquelle, après leur avoir témoigné fa fenfibilité à leur attention,
il s'excufoit fur fon âge & fes infirmités, qui l'empêcheroient
de faire un voyage auffi pénible, loin de fon domicile & dans
une faifon auffi rigoureufe ; qu'en conféquence, il ne reftoit plus
que M. Sauveur Montella qui pût fixer le choix de l'Affemblée.

Sur quoi il a été ·procédé à l'élection de ce dernier par voie
de fcrutin ; & le fcrutin ouvert & vérifié, les fuffrages fe font
trouvés réunis en faveur dudit M. de Montella, auquel MM.
les Procureurs-Syndics ont écrit fur-le-champ, pour lui annoncer
fa nomination, & le prier de venir au plutôt prendre féance
à l'Affemblée.

Cette nomination ainfi faite, l'Affemblée s'eft féparée, & la
féance a été renvoyée à Jeudi 3 Janvier 1788.

Fait & arrêté à Perpignan, les jour & an que deffus. *Signés*,
J. G. Evêque d'ELNE, Préfident. T. RAMON, Secrét. Greffier.

Du 1er. Janvier 1788.

Ledit jour 1er. Janvier 1788, l'Affemblée a vaqué à l'occafion du nouve an.

Du 2 Janvier 1788.

Ledit jour 2 Janvier 1788, les Bureaux ont travaillé tout le
matin chez MM. leurs Préfidens refpectifs.

L'après-midi la plus grande partie de l'Affemblée, ayant à
fa tête Mgr. l'Evêque, fon Préfident, a affifté à une féance
publique de la Société Royale d'Agriculture, à laquelle elle avoit
été précédemment invitée.

ONZIEME

ONZIEME SÉANCE.

Du 3 Janvier 1788.

L<small>EDIT</small> jour 3 Janvier 1788 , l'Assemblée réunie dans le lieu ordinaire, MM. les Commissaires chargés du rapport de l'Impôt, ont communiqué quelques vues préliminaires sur la nature des différentes impositions, & sur la manière de les percevoir, lesquelles n'ont pas donné matière à une délibération.

MM. les Commissaires chargés du rapport des chemins & des travaux publics, ont fait part à l'Assemblée, d'une difficulté qui les arrêtoit dans leur travail, relativement à la fixation de la somme représentative de la corvée.

Cette difficulté consiste en ce que MM. les Ingénieurs de la Province, d'après leur travail de l'année dernière, avec M. l'Intendant, ont fait fonds sur une contribution de 64,334 liv. ; & cependant MM. les Commissaires du Bureau des Travaux publics, ont présenté à l'Assemblée l'enregistrement du 6 Septembre 1787, de la déclaration du 27 Juin précédent, par lequel le Conseil Souverain a limité ladite contribution aux deux cinquièmes du principal, & 4 sous pour livre de la Capitation roturière, montant à la somme de 39,508 liv. 18 s.

Pour éclaircir cette question, il a été nommé une Commission particulière, composée de Mgr. l'Evêque, Président, de M. le Marquis d'Aguilar, Président dudit Bureau des Travaux publics, de M. le Marquis d'Oms, M. l'Abbé de Gispert, M. l'Abbé Eychenne, & de MM. les Procureurs-Syndics, à l'effet d'approfondir la matière, d'en conférer, s'il est nécessaire, avec M. le Commissaire du Roi, & d'en faire rapport à la séance du Samedi 5 Janvier, pour être pris telle délibération que de raison.

Fait & arrêté à Perpignan, les jour & an que dessus. *Signés,* J. G. Évêque d'ELNE, Président. T. R<small>AMON</small>, Secr. Greffier.

N

Du 4 Janvier 1788.

Ledit jour 4 Janvier 1788, la Commiffion particulière, qui avoit été nommée dans la féance précédente, s'eft occupée de fon objet.

DOUZIEME SÉANCE.

Du 5 Janvier 1788.

Ledit jour 5 Janvier 1788, à dix heures du matin, l'Affemblée réunie dans le lieu ordinaire, Mgr. l'Evêque, Préfident, a préfenté un mémoire expofitif de la difficulté qui avoit arrêté MM. les Commiffaires du Bureau des Travaux publics, dans la fixation de la contribution pécuniaire, repréfentative de la corvée; lequel mémoire eft de la teneur fuivante.

Lorfque Sa Majefté a jugé à propos de convertir la corvée en nature, en une preftation en argent, par l'arrêt de fon Confeil, du 6 Novembre 1786, Elle a ordonné, art. 3 & 4, " que " ladite contribution ferait réglée chaque année en raifon des " ouvrages qui auront été reconnus néceffaires, & ferait ré- " partie fur toutes les Communautés, de manière qu'elle ne " puiffe jamais excéder le fixième de la taille des impofitions " acceffoires, & de la capitation roturière, réunie pour les " lieux taillables, non-plus que les trois cinquièmes de la ca- " pitation roturière, pour les villes ou Communautés, franches " ou abonnées, ainfi que pour les pays de taille réelle." L'article 4 ajoute : " Tous les contribuables affujettis à la " capitation roturière, le feront également à ladite preftation

» représentative de la corvée, & ce, nonobſtant toute exemp-
» tion, dont ils auroient joui juſqu'à préſent ».

Dans l'arrêt du Conſeil, du 29 Janvier 1787, envoyé à M.
l'Intendant, pour l'autoriſer à lever ladite preſtation en argent
pour l'année 1787, il eſt dit, « vu l'arrêt ci-deſſus, pareillement les
» devis & détails eſtimatifs des travaux à exécuter pendant l'année
» 1787, dans la province de Rouſſillon, tant pour l'entretien des
» routes à perfectionner, la réparation de celles qui en ſont ſuſ-
» ceptibles, pour être miſes à l'entretien, que pour la confection
» de celles qui ne ſont pas achevées, ou qui ne ſont que projétées:
» tous leſquels ouvrages montent à la ſomme de 64,334 liv. ſui-
» vant les détails eſtimatifs faits par l'Ingénieur en chef, & viſés
» par le ſieur Intendant de la Province; vu également l'état gé-
» néral arrêté par ledit ſieur Intendant, pour la préſente année
» 1787, de la preſtation ou contribution en argent, que doit
» fournir particulièrement chacune des villes & communautés de
» ladite province de Rouſſillon, dénommées au ſuſdit état, pour
» le payement des travaux qui les concernent; laquelle contribu-
» tion eſt inférieure à la proportion, qui, au terme de l'article 3,
» de l'arrêt de règlement du 6 Novembre 1786, ne peut jamais
» être excédée; vu auſſi l'avis & les obſervations du ſieur Intendant
» & Commiſſaire départi en la province de Rouſſillon.... Entend
» Sa Majeſté, que les ſommes à acquitter par les différentes villes
» & communautés de ladite province de Rouſſillon, conformément
» à l'état général arrêté par ledit ſieur Intendant, que Sa Majeſté
» a autoriſé & approuvé, approuve & autoriſe toutes leſdites
» contributions réunies, montant enſemble à la ſomme totale de
» 64,334 liv., ſoient impoſées ſur toutes les villes & commu-
» nautés du Rouſſillon, chacune pour ce qui la concerne ».

Le brevet eſt du 29 Janvier 1787.

Enfin, quatre mois après, ou environ, ledit arrêt du Conſeil,
& l'homologation du répartiment de la ſomme ci-deſſus, pour la
converſion de la corvée en une preſtation en argent pour la province de Rouſſillon, &, à la date du 27 Juin 1787, Sa Majeſté envoya
au Conſeil Souverain de cette province une déclaration conforme
à la teneur de l'arrêt du Conſeil, du 6 Novembre 1786, qui
preſcrit, ainſi que ledit arrêt, qu'il ſeroit pourvu « aux confections
» & entretiens des grandes routes de notre Royaume, au moyen
» d'une addition au brevet de la taille, dont la répartition ſera faite

Déclara-tion du 27 Juin 1787, enregiſtrée au Conſeil Souverain, le 6 Sep-tembre mê-me année.

» fans diftinction, fur tous nos fujets taillables, ou tenus de
» la capitation roturière, fans néanmoins que ladite contribution
» additionnelle puiffe excéder le fixième de la taille des impo-
» pofitions acceffoires & de la capitation roturière, réunies pour
» les biens taillables, non-plus que les trois cinquièmes de la-
» dite capitation roturière, par rapport aux villes & commu-
» nautés franches & abonnées, ainfi que dans les pays des
» tailles réelles ».

Procédant à l'enregiftrement de ladite déclaration, le 6 Septembre 1787, le Confeil Souverain du Rouffillon réferva en
icelui que « fous le bon plaifir du Roi, la contribution en
» argent, repréfentative de la corvée, n'excédera point à l'a-
» venir, dans le reffort de la Cour, les deux cinquièmes du
» principal de la capitation roturière, & 4 f. pour livre d'icelle,
» fans que lefdits deux cinquièmes puiffent être pris fur les impo-
» fitions extraordinaires établies pour l'acquit des charges locales
» de la province, qui s'élèvent au marc la livre de la capi-
» tation ».

En quoi cette cour contredit expreffément la déclaration du
Roi, qui défend feulement qu'on puiffe lever pour la fufdite
preftation de la corvée en argent, une fomme qui excède les
trois cinquièmes de la capitation roturière.

L'enregiftrement ajoute : « & attendu que, contre l'intention
» du Seigneur Roi, manifeftée dans l'arrêt de fon Confeil,
» du 6 Novembre 1786, & confirmée par la préfente décla-
» ration, il a été fait fonds fur lefdites impofitions extraordi-
» naires, acceffoires de la capitation roturière, pour fixer la
» preftation repréfentative de la corvée dans la province, pour
» la préfente année, ce qui a porté à la fomme de 64,334 liv.
» cette contribution, qui n'eût dû s'élever qu'à celle de 59,085 l.
» en ne prenant, conformément audit arrêt & à la préfente
» déclaration, que le principal & les quatre fous pour livre,
» & a par conféquent opéré une furcharge de 5249 liv. qui a
» dû être employée à des travaux déjà commencés ; fera ledit
» Seigneur Roi très-humblement fupplié d'ordonner que, pour
» compenfer cet excédent de charges & de travaux, il fera tant
» moins impofé l'année prochaine fur la province, pour la pref-
» tation repréfentative de la corvée ».

Il fuit de cet enregiftrement,

1°. Que quoiqu'il ait été levé, l'année dernière, fur la province, pour la preftation de la corvée en argent, une fomme de 64,334 l., l'Affemblée provinciale ne pourra plus lever, dans la fuite, annuellement pour cet objet, que les deux cinquièmes du principal de la capitation roturière, & quatre fous pour livre d'icelle, montant à 39,508 liv. 18 f.

2°. Que les impofitions acceffoires de ladite capitation ne doivent point être comprifes parmi les fonds fur lefquels on doit lever lefdits deux cinquièmes, quoique ces mêmes impofitions acceffoires ayent été comprifes parmi les fonds, fur lefquels M. l'Intendant a levé, l'année dernière, le montant de la preftation de la corvée en argent.

3°. Enfin, qu'attendu la perception de cette preftation en argent fur les impofitions extraordinaires, il y a eu une furcharge fur le peuple, de la fomme de 5249 liv.; pour quoi le Confeil Souverain prie Sa Majefté d'ordonner qu'il fera tant moins impofé l'année fuivante 1788, fur la province, pour raifon de la preftation repréfentative de la corvée.

L'Affemblée provinciale ignore s'il a été fait rapport à Sa Majefté de la teneur de l'enregiftrement fait au Confeil Souverain le 6 Septembre 1787, de la déclaration fufdite du 27 Juin précédent, & des claufes qui reftreignent l'étendue de ladite déclaration : au-moins M. l'Intendant n'a pas pu affurer l'Affemblée qu'il en eut inftruit la Cour dans le temps.

L'Affemblée a cru devoir, avant tout, les mettre fous les yeux du Roi, afin de recevoir les ordres de Sa Majefté. Elle fe fera un devoir de s'y conformer exactement; &, cependant, ne devant ni ne pouvant donner à la teneur de la fufdite déclaration, une extenfion au-delà de ce qui eft prefcrit par les claufes de l'enregiftrement du Confeil Souverain, & ne pouvant recevoir les inftructions de Sa Majefté avant la féparation de l'Affemblée, elle ne fera, dans ce moment-ci, & en attendant les ordres du Roi, de difpofition, pour les réparations & confection des grandes routes dans cette province, pendant l'année 1788, que pour la fomme de 39,508 liv. 18 f., qui eft la fomme totale où fe portent les deux cinquièmes de la capitation roturière & quatre fous pour livre d'icelle, dans l'état actuel, fauf à charger la Commiffion intermédiaire provinciale, de faire, dans la fuite, une difpofition plus confidérable à cet égard, s'il y a lieu.

Ce mémoire, rédigé dans la Commiffion nommée pour cet objet, a été généralement approuvé ; & il a été réfolu qu'il fera adreffé à M. le Contrôleur-général, avec un exemplaire de l'arrêt du Confeil du 6 Septembre 1786, & de l'arrêt d'enregiftrement fait par la Cour Souveraine du Rouffillon, le 6 Septembre 1787, de la déclaration du 27 Juin précédent, fur la converfion de la corvée en une preftation en argent.

MM. les Procureurs-Syndics ont enfuite mis fous les yeux de l'Affemblée, des modèles d'impreffion de la dame Beffe, tenant imprimerie à Narbonne ; la beauté des caractères & l'économie dans le prix, ont déterminé l'Affemblée à lui accorder la préférence pour l'impreffion du procès-verbal ; & MM. les Procureurs-Syndics ont été priés d'y veiller.

Cette réfolution prife, MM. du Bureau des Fonds, Comptabilité & Règlement, ont lu quelques obfervations préliminaires fur ce dernier objet, qui feront rapportées à une nouvelle féance, pour être plus approfondies, & être pris, en conféquence, telles délibérations qu'il appartiendra.

Fait & arrêté à Perpignan, les jour & an que deffus. *Signés*, J. G. Évêque d'ELNE, Préfident. T. RAMON, Secr. Greffier.

Des 6 & 7 Janvier 1788.

Lefdits jours 6 & 7 Janvier 1788, les Bureaux ont travaillé chez MM. leurs Préfidens refpectifs.

TREIZIEME SÉANCE.

Du 8 Janvier 1788.

LEDIT jour 8 Janvier 1788, à dix heures du matin, l'Af-emblée réunie dans le lieu de fes féances précédentes, MM. du Bureau des Fonds & de la Comptabilité, chargés particulière-ment de l'examen du règlement, ont lu un mémoire fur les Municipalités, & des obfervations fur les différens règlemens concernant les Affemblées de diftrict & provinciale, & ont dit :

Vous avez chargé, Meffieurs, le Bureau des Fonds & de la Comptabilité, d'examiner, conformément aux intentions du Roi, tout ce qui pouvoit avoir rapport aux différens objets de règlemens que Sa Majefté a faits pour la formation & compofition des Affemblées qui auront lieu dans la province de Rouffillon. Nous allons vous en rendre un compte exact, afin de vous mettre à portée de faire au Roi les répréfentations que vous jugerez con-venables.

Nous commencerons par les deux premiers articles du règlement du 15 Août dernier, qui ordonnent les établiffemens & la forme des diverfes Affemblées municipales dans toute l'étendue de la pro-vince.

Vous avez pu remarquer, par la connoiffance qu'on vous a donnée de la formation de toutes ces Affemblées municipales, qu'elles avoient été faites de la manière la plus irrégulière, c'eft-à-dire, fans aucun égard aux diverfes difpofitions de l'arrêt de règlement du 15 Août, dont on ne paroît pas avoir compris le véritable fens. Une femblable formation ne peut rendre ces municipalités, an-ciennes & nouvelles, propres à remplir les vues de Sa Majefté, ni utiles au fuccès des Affemblées de diftrict & provinciale avec qui elles doivent correfpondre & concourir.

Nous avons donc cru convenable de propofer à Sa Majefté,

pour mieux remplir fes vues bienfaifantes , de faire une nouvelle
refonte & formation de toutes ces municipalités , anciennes &
nouvelles , à l'exception de la ville de Perpignan ; & comme il
eft néceffaire que les Affemblées provinciale & de diftrict s'oc-
cupent inceffamment des fonctions importantes que Sa Majefté
a bien voulu leur confier, ce qu'elles ne peuvent faire fans le
concours & la formation folide & légale des nouvelles Affemblées
municipales, nous avons jugé qu'il étoit indifpenfable , pour
abréger la longueur de la correfpondance , de propofer en même-
temps , & dans un feul mémoire, au Roi , & la néceffité & les
moyens de rémédier à cet inconvénient, en procédant à la formation des nouvelles municipalités , d'une manière qui foit plus
conforme aux intentions bien connues de Sa Majefté , & aux
règlemens qu'elle a jugé à propos de faire pour l'exécution de
fes intentions dans cette partie.

Nous allons donc , Meffieurs, vous faire lecture du projet de
mémoire que nous avons fait, pour établir la néceffité de former
de nouvelles municipalités , & propofer en même-temps à Sa
Majefté les moyens d'y procéder , fans faire tort aux droits des
parties qui femblent, au premier coup - d'œil, y avoir quelque
intérêt.

MÉMOIRE concernant les Affemblées municipales de la province de Rouffillon.

L'adminiftration de la province de Rouffillon a été divifée
en trois efpèces d'Affemblées différentes, une municipale, une
de diftrict & une provinciale. Ces Affemblées font élémentaires
les unes des autres, dans ce fens que les Membres de l'Affemblée
provinciale feront choifis parmi ceux des Affemblées de diftrict,
& les Membres des Affemblées de diftrict feront pareillement
choifis parmi ceux qui compoferont les Affemblées municipales.

Il eft donc important que les communautés d'habitans foient
adminiftrées par des gens fages & éclairés, & qui, par leur
fortune , ayent intérêt à la bonne adminiftration. Cependant, il
eft conftant que les plus notables habitans des villes & autres
lieux du Rouffillon , ont regardé jufqu'ici cette adminiftration
comme

comme une fervitude. Ils fe font ménagés des exemptions ; ils ont
allégué des prétextes ; ils ont employé toutes fortes de moyens pour
s'en exempter ; & dans le moment préfent même, où l'intérêt
perfonnel auroit dû engager les notables à rentrer dans l'Adminiftration politique, pour participer à la répartition des impôts, la voix impérieufe du préjugé l'a emporté : ils ont craint
de participer à la fervitude dans laquelle ces Corps politiques
ont vécu jufqu'ici ; & malgré les vues bienfaifantes du Prince,
dans les derniers règlemens, l'adminiftration fe trouve encore li-
vrée aujourd'hui, comme ci-devant, aux dernières claffes d'habitans.

Le Confeil Souverain du Rouffillon a prévu cet inconvénient ;
& dans l'enregiftrement de l'édit, portant création des Affemblées provinciales, il a expreffément fupplié Sa Majefté de
prendre en confidération, *que les communautés des villes & lieux*
du Rouffillon, ne pouvoient, dans l'état actuel, répondre aux vues
bienfaifantes qui l'ont déterminée à établir des Affemblées pro-
vinciales. M. l'Intendant a penfé de même, & a envoyé à M.
le Contrôleur-général, des obfervations fur cet objet, auxquelles
il n'a pas reçu de réponfe.

Cependant l'évènement a pleinement vérifié les conjectures
du Confeil Souverain ; car, de toutes les municipalités formées
en Rouffillon, il n'y en a peut-être pas quatre qui foient conformes,
en tout point, au règlement prefcrit par le Roi, & qui puiffent,
par conféquent, remplir avec fuccès les intentions de Sa Majefté,
relativement à l'adminiftration nouvelle.

C'eft donc aujourd'hui à l'Affemblée provinciale du Rouffillon
à mettre fous les yeux du Roi, la néceffité & les moyens d'établir
dans toutes les villes & lieux de cette province, des Affemblées
municipales, qui foient, par leur compofition, en état de remplir les vues de Sa Majefté, &, en même-temps, de correfpondre dignement aux Affemblées de diftrict & provinciale, dont
elles font la bafe, & qui doivent former entre les trois, un
Corps complet d'adminiftration.

Quelle que foit, comme on vient de le voir, la compofition vicieufe des adminiftrations politiques qui font actuellement en
vigueur dans les villes & lieux de la province de Rouffillon,
nous ne propoferons pas à Sa Majefté de les réformer actuellement. Cet ouvrage feroit long & pénible. Il faudroit des rè-

O

glemens particuliers pour chaque endroit. Les ufages locaux dicteront à fa fageffe une infinité de modifications, que nous ne pouvons ni ne devons prévoir dans ce moment.

Cependant il eft inftant que l'Affemblée provinciale fe livre aux opérations qui lui font confiées. Elle ne le peut avec fuccès, fi elle n'a pour coopérateurs que les Corps politiques actuellement établis dans les villes & lieux du Rouffillon. Elle n'y trouvera ni les gens les plus inftruits, ni les plus intéreffés à une bonne adminiftration. Ces confidérations ont déterminé l'Affemblée provinciale à préfenter un règlement provifoire pour cet objet.

Elle ne prendra point en confidération, dans ce moment, la compofition politique de la ville de Perpignan, qui difpofe cependant d'un revenu au-moins égal au principal de la capitation de toute la province. Il importe toutefois par ce motif, de bien régler fon adminiftration : mais comme elle admet au-moins une partie des notables habitans, il ne fera propofé à l'égard de cette ville aucun règlement pour le moment. Toutes les communautés d'habitans des autres villes & lieux du Rouffillon, comme l'a obfervé le Confeil Souverain, ont befoin d'un règlement provifoire, afin qu'elles puiffent utilement correfpondre avec les Affemblées fupérieures, auxquelles elles doivent être fubordonnées.

Ce règlement préfente d'autant moins de difficulté, qu'il eft permis de douter que dans les villes & autres lieux du Rouffillon il y ait une véritable municipalité établie.

Toutes les villes, bourgs, & même la plûpart des villages du Rouffillon ont une communauté d'habitans, qui a fes chefs appelés Confuls ; mais toutes les affaires y font délibérées par tous les habitans affemblés, ce qu'on appelle confeil général. Les confeils particuliers de fixaine & de douzaine, qui y font établis, n'ont d'autre pouvoir que celui d'exécuter les délibérations du Confeil général ; & en particulier, la répartition des impofitions eft délibérée dans l'Affemblée de tous les habitans fans diftinction.

Cette forme n'offre pas une véritable municipalité. Pour qu'il y en ait une, il faut que les habitans affemblés fe choififfent des repréfentans, gens fages & éclairés, qui ayent le pouvoir de régler définitivement tout ce qui concerne le bien général.

Comment feroit-il poffible qu'une cohue tumultueufe & peu inftruite, pût correfpondre avec l'Affemblée provinciale & les autres
Affemblées du même ordre ? Il paroît donc néceffaire d'établir,
dans les villes & autres lieux du Rouffillon, une municipalité
fuivant la difpofition des articles de la fection première, du règlement donné par Sa Majefté le 15 Août dernier.

Mais il eft à remarquer qu'en faifant cet établiffement, il ne
doit pas être porté atteinte aux droits des Seigneurs, fondés,
la plûpart à nommer ou choifir les Confuls qui font à la tête
des communautés d'habitans, & qu'il eft cependant impoffible,
comme on l'a déjà remarqué, de vaincre l'oppofition des plus
notables habitans, à concourir à ces charges de l'adminiftration
publique. Cependant il femble que tout peut être concilié,
en laiffant fubfifter l'établiffement ancien avec les nouvelles municipalités.

Les Confuls & Communautés d'habitans réuniffent des fonctions d'une nature bien différente; ce Corps a une police
qu'il exerce par des Confuls, ou par des officiers appelés Clavaires; cette police s'étend fur les Communautés d'arts & métiers, fur les poids & mefures, police des marchés, fourniture
des bouchers & boulangers, propreté & fureté des rues. Ce qui a été
arrêté ou jugé, eft porté, par appel ou par révifion, pardevant
les juges qui fe prétendent en droit d'en connoître; enfin, les Confuls font exécuter les ordres qu'ils reçoivent de M. le Commandant de la province, de M. l'Intendant, de M. le Procureur-gé-
néral, des Viguiers & Sous-Viguiers, pour les différentes parties
du fervice militaire & civil.

Il eft fenfible que tous ces objets n'ont aucun rapport avec
les fonctions que Sa Majefté a confiées aux Affemblées provinciales & à celles qui lui font fubordonnées; il n'y a donc aucun
inconvénient à laiffer aux Communautés & à leurs Confuls,
l'exercice des fonctions relatives à la police qu'ils exercent.

Les Communautés d'habitans ont fait jufqu'ici la répartition
des impofitions, par des Cotifateurs nommés, tantôt par les
Confuls refpectifs, tantôt par les Confeils de douzaine ou de
fixaine; & prefque toujours fans avoir égard aux propriétés defdits
Cotifateurs, qui n'ont communement aucun intérêt à la chofe,
les Confuls étoient chargés du recouvrement. Ces Communautés

administroient les revenus communs patrimoniaux & d'octroi : elles étoient chargées des réparations & constructions des édifices publics. Tous ces objets sont parfaitement distingués de ceux qui concernent la police, & ils ont un rapport essentiel avec les Assemblées provinciales. Ces objets intéressent tous les habitans, sans distinction, ils s'empresseront tous de se trouver à l'Assemblée de paroisse : ils nommeront des Représentans pour tout ce qui concerne les impositions, réparations ou reconstructions, & pour administrer les revenus communs patrimoniaux, ou d'octroi, qui n'appartiennent certainement pas à cette partie d'habitans qui compose aujourd'hui le corps des Communautés, mais bien à tous les habitans en général qui se trouveront à l'Assemblée paroissiale.

Cette division des fonctions entre les Communautés, existantes ayant les Consuls à leur tête, & les nouvelles Municipalités, a paru le moyen le plus propre pour composer les Assemblées municipales, des habitans les plus instruits & les plus intéressés à une bonne administration.

Les articles de ce Règlement, qui vont être présentés, préviendront toute difficulté.

ARTICLE PREMIER.

LES Communautés d'habitans de notre province de Roussillon continueront d'avoir à leur tête des Consuls & des Clavaires qui seront élus & nommés ainsi que par le passé. Lesdits Consuls seront les chefs de la Communauté, & auront les mêmes rang & séance qu'ils ont eu jusqu'ici dans les cérémonies publiques. Ils veilleront respectivement au maintien de la police sur les Communautés d'arts & métiers, poids & mesures, foires & marchés ; à la fourniture des bouchers & boulangers, propreté & sûreté des rues, ainsi qu'ils en ont usé par le passé, & sans qu'il soit rien innové ; & feront exécuter les ordres qu'ils recevront pour les différentes parties du service militaire & civil de notre province de Roussillon.

ART. II.

Ayant reconnu que les corps politiques anciennement existans dans les différentes Communautés du Roussillon sont peu propres

[109]

à remplir les fonctions qui leur font attribuées, & à correspondre avec les Assemblées de district & provinciale, étant d'ailleurs informé que la composition des nouvelles Municipalités n'a point été faite pour la plus grande partie d'icelles, d'une manière conforme aux dispositions de la section première du Règlement du 15 Août dernier ; & voulant y remédier, nous ordonnons que dans toutes les Communautés de la province de Roussillon, il sera incessamment formé de nouvelles Assemblées municipales conformes en tout point aux dispositions dudit Règlement, exceptons néanmoins de la présente disposition la ville de Perpignan, dans laquelle il ne sera rien innové quant à la composition du Corps politique seulement.

ART. III.

Ces Assemblées municipales ainsi formées feront la répartition des impositions, nommeront un Collecteur pour en faire le recouvrement ; elles feront chargées des réparations & constructions des édifices & autres ouvrages publics, de l'administration des revenus communs patrimoniaux & d'octroi. Enfin, elles acquitteront les charges dont lesdits revenus font tenus, le tout fous l'autorité de l'Assemblée provinciale, de celle de district, & de leurs commissions intermédiaires, ainsi qu'il est porté par les Règlemens des 5 & 15 Août & autres Règlemens rendus fur cette matière.

ART. IV.

Et afin de mettre les nouvelles Municipalités en état de remplir exactement les fonctions dont elles font particulièrement chargées par la teneur de l'article précédent, nous ordonnons aux anciens Corps politiques, de remettre incessamment en puissance des nouvelles Municipalités, tous les titres & papiers servant à la répartition & recouvrement des impositions, à l'administration des revenus communs patrimoniaux & d'octroi, enfin, à l'acquit des charges dont ils font tenus, & tout ce qui pourroit avoir rapport aux fonctions qui leur font assignées ; le tout fous inventaire & décharges convenables, qui devront être doubles, & gardés par les parties. Enjoignons aux particuliers qui ont été membres des Corps politiques , & qui , par cette raison ou autre quelconque , pourroient se trouver dépositaires de quelques-uns desdits titres , de les restituer & les faire inférer dans les nouveaux inventaires qui seront dressés.

ART. V.

Les Tenanciers forains ayant un grand intérêt à entrer dans lesdites Assemblées municipales , & pouvant y être très-utiles pour suppléer au petit nombre des habitans instruits , sur-tout dans les villages , nous ordonnons que lesdits Tenanciers forains, présents ou absents, pourront être élus membres desdites Assemblées municipales , au nombre de deux dans celles qui seront composées de neuf personnes , & d'un seulement dans celles qui seront composées d'un nombre moindre ; pourvu toutefois que lesdits Tenanciers forains ayent 25 ans accomplis , & qu'ils possèdent en propriété , dans le territoire de la Communauté, au-moins depuis un an , des fonds qui payent 30 livres d'imposition , auxquels soit annexée une maison habitable.

ART. VI.

Pourront même les Tenanciers forains être élus Syndics des Assemblées municipales , sur-tout dans les campagnes , pourvu qu'ils paroissent disposés à faire quelque résidence dans le lieu desdites Assemblées , & que leur principal domicile n'en soit pas éloigné de plus de deux lieues.

ART. VII.

Lorsque les Communautés ne seront pas composées au-moins de 100 feux , on réunira , autant que la distance des lieux le permettra , jusqu'à la concurrence de ce nombre , ou environ , plusieurs de ces Communautés les plus voisines , suivant qu'il sera décidé plus spécialement par chacune d'elles , par la commission intermédiaire provinciale , d'après le rapport qui lui en aura été fait par le Bureau intermédiaire de district.

A rt. VIII.

Toutes les Assemblées de paroisse nécessaires pour la nouvelle formation des Assemblées municipales, se tiendront cette
année le Dimanche 20 Avril prochain, & ensuite chaque année
un des trois derniers Dimanches d'Août, ou le premier Dimanche
du mois de Septembre, suivant qu'il sera décidé par chacune des
Assemblées municipales.

A rt. IX.

Nous autorisons les Curés, dans notre province de Roussillon, à assister aux Assemblées de leurs paroisses, même à y occuper une place distinguée en face du Président, mais sans aucun
droit de suffrage, uniquement afin d'y maintenir le bon ordre,
& de déterminer, à vue du rôle des impositions, qui sera produit
dans l'Assemblée, le nombre des habitans & propriétaires qui
payent dans la Communauté 10 liv. d'imposition ; & à ce titre,
ont droit de voter pour l'élection des membres de la Municipalité.

A rt. X.

Et comme il y a dans notre province de Roussillon, plusieurs
Curés en titre dans la même église, & qui en remplissent les
fonctions par semaines alternatives, nous ordonnons que celui
qui se trouvera de semaine de service le jour où se tiendra l'Assemblée de paroisse, aura seul droit d'y assister à ce titre ; &
quant à la ville d'Arles, nous ordonnons que les Curés des paroisses de St. Sauveur & de St. Etienne, auront seuls le droit d'y
assister alternativement, en commençant par le Curé de St. Sauveur.

Après avoir fait ces observations sur les deux premiers articles
du Règlement du 15 Août dernier, qui ont pour objet la formation des Assemblées municipales dans cette Province, nous
allons parcourir successivement les autres articles du même Règlement, qui nous ont paru mériter de votre part quelques observations relativement aux divers sens dont ils pourroient être
susceptibles, ou aux explications qu'ils paroissent exiger.

TITRE DES ASSEMBLÉES MUNICIPALES.

ARTICLE VII.

CE que nous avons proposé dans le Mémoire précédent, sur l'affistance des Tenanciers forains, & leur capacité, pour être élus membres de l'Affemblée municipale, au-moins dans une paroiffe, peut les mettre quelquefois dans le cas d'affifter fucceffivement à plufieurs Affemblées de paroiffe, relativement aux divers territoires où ils auront des propriétés & maifons. En conféquence, il paroîtroit jufte de ne pas ordonner que toutes les Affemblées paroiffiales fe tiendront le même jour, mais au-contraire, de laiffer à chaque Communauté la liberté de fixer indifféremment pour fon Affemblée de paroiffe, un des quatre Dimanches qui feront indiqués.

ART. VIII.

Il paroît à la Commiffion, qu'il peut & doit réfulter beaucoup d'inconvéniens de l'exclufion que le Règlement donne au Curé pour l'affistance aux Affemblées paroiffiales. On peut dire en général, que les Syndics, fur-tout ceux des Communautés des villages, ne font communement guère en état d'en impofer au peuple. Ainfi, il arrivera fouvent que l'Affemblée de paroiffe dégénérera en tumulte. D'ailleurs, quand les Syndics eux-mêmes na fauront pas lire, il fera très-difficile qu'ils puiffent conftater par les rôles, quels font ceux qui payent 10 liv. d'impofition, & doivent avoir, à ce titre, droit de voter pour l'élection des Officiers municipaux.

Il fembleroit donc plus convenable, pour le bien de la chofe, de donner à MM. les Curés entrée dans les Affemblées paroiffiales, avec une place diftinguée, fans droit de fuffrage cependant, & fans autre fonction que de décider, à la vue du rôle des impofitions, qui fera produit dans l'Affemblée, quels font décidément les particuliers de la Communauté qui payent les 10 livres d'impofition prefcrites par le Règlement, & peuvent, à ce titre, voter pour la fufdite élection. On a tout lieu d'efpérer que

que ce moyen feroit très-efficace pour mettre un certain ordre dans les Aſſemblées de paroiſſe , à quoi la ſeule préſence de MM. les Curés peut beaucoup contribuer.

A R T. X.

Il a été jugé ſi néceſſaire dans cette Province, de changer la méthode du ſcrutin, au-moins dans les Communautés dont les habitans ne ſavent pas écrire , que M. le Commiſſaire départi a jugé à propos , dans ſon Ordonnance pour l'exécution de l'Arrêt de règlement du 15 Août , de permettre dans ce cas au Syndic de chaque Communauté , de faire l'élection des Officiers municipaux à voix haute.

La Commiſſion pour l'examen du Règlement, eſtime que , dans le même cas, il vaudroit peut-être mieux permettre que les habitans qui ſauroient écrire ſe ſerviſſent, pour faire cette élection , de la voie du ſcrutin, s'ils la préfèrent, & que les autres fiſſent l'élection à voix haute , en commençant par le plus âgé.

A R T. X I.

Sur la partie de cet article , qui exige , pour pouvoir être élu membre de la Municipalité, qu'on ait acquis , par l'habitation actuelle , un domicile dans la paroiſſe , la Commiſſion s'en rapportera à ce qu'elle a dit précédemment , pour l'admiſſion des Tenanciers forains, pourvu qu'ils ayent , avec leurs propriétés , une maiſon habitable dans la paroiſſe , le tout acquis au-moins depuis un an.

Ce point lui paroît ſi eſſentiel pour la bonne & ſolide formation des Municipalités, ſur-tout dans les petites Communautés , qu'elle croit devoir y inſiſter fortement.

A R T. X I V.

Le Bureau juge convenable de demander l'explication de cet article, ſavoir, 1°. ſi le Seigneur, abſent de l'Aſſemblée municipale, lorſqu'il voudra s'y faire repréſenter par un fondé de procuration, ſera tenu d'en pourvoir un noble , Tenancier dans la même paroiſſe ou arrondiſſement. 2°. Si, dans le cas où le Syndic ne ſeroit pas noble , il ne conviendroit pas de donner la préſidence

P

au fondé de procuration du Seigneur, de préférence au Syndic; & dans le cas où tous deux seroient nobles, de l'attribuer au plus âgé ? 3°. Dans le cas où un Corps ecclésiastique voudra se faire représenter dans une Assemblée municipale, devra-t-il s'y faire représenter par un membre de son Corps, ou par tel autre ecclésiastique, ou même particulier, qu'il jugera convenable; & ce dernier étant laïque, devra-t-il être noble ?

Nous estimons sur ce même article, qu'il seroit à propos de demander de-plus à Sa Majesté, de quelle manière peuvent & doivent être représentées dans les Assemblées municipales, les filles & les veuves qui sont, de leur chef, Seigneuresses & Dames de paroisse, & aussi les pupilles & mineurs qui se trouvent dans le même cas.

Les représentans des uns & des autres, admis, comme de droit, dans les Assemblées municipales, peuvent-ils être élus pour les Assemblées de district & provinciale ?

A R T. X V.

Le Bureau a regardé comme peu décent, que MM. les Curés siégeassent dans tout état de cause dans l'Assemblée municipale, au-dessous du Syndic; ce qui doit naturellement éloigner de ladite Assemblée MM. les Curés, qui y seroient cependant très-utiles, même nécessaires, par la connoissance qu'ils ont de l'écriture & des affaires.

Il semble donc qu'on pourroit proposer au Roi de leur laisser, en cas d'absence du Seigneur, au-moins la place honorifique de la présidence, sur-tout lorsque le Syndic ne se trouveroit pas noble, en réservant toutefois à ce dernier le droit de proposer, & même de voter comme Président, & d'avoir la voix prépondérante.

Assemblées de District.

La Commission estime, qu'il seroit convenable de demander à Sa Majesté une décision sur l'objet suivant: savoir; si un membre de l'Assemblée municipale, élu membre de l'Assemblée de district, & ensuite de l'Assemblée provinciale, cesse dès-lors d'avoir voix & séance à l'Assemblée municipale, sur-tout si, au moment de son élection, il se trouve Syndic de ladite Assemblée municipale.

TITRE DES ASSEMBLÉES PROVINCIALES.
ARTICLE VIII.

L'EXÉCUTION de l'article littéralement pris, souffriroit beaucoup de difficultés, si l'on entendoit par-là, qu'il ne pourroit
pas y avoir dans l'Assemblée provinciale, ou même dans celle
de district, deux personnes domiciliées ou habitantes de la même
paroisse. Il est vraisemblable que le Légiflateur n'a pas voulu
empêcher que deux personnes qui auront des titres différens
pour assister à l'Assemblée, comme deux Ecclésiastiques béné-
ficiers en deux endroits différens, deux Seigneurs de différentes
terres, quoique habitans ou domiciliés dans la même ville,
par exemple, à Perpignan, ne pussent être élus en même-temps;
il en est de même pour les propriétaires députés des villes &
des campagnes.

NOUVEAU REGLEMENT.
PARAGRAPHE VI.
Assemblée de District.

La Commission ayant pris connoissance de l'article du nouveau Règlement, qui ordonne « que les Assemblées de district
» s'ouvriront le jour fixé par le Président, de concert avec le
» Bureau intermédiaire; que ces Assemblées ne pourront durer
» plus de 15 jours, ensorte qu'elles ne pourront être indiquées
» plus tard que le 15 dudit mois d'Octobre, & seront toujours
» closes ou terminées le 30 du même mois, au plus tard.

Elle croit devoir faire observer à Sa Majesté, que ce temps
est précisément, dans la province de Roussillon, celui des ven-
danges, récolte très-importante, & qui ne permettroit pas aux
Députés propriétaires dans l'Assemblée de district, de pouvoir
s'y trouver dans ce temps-là, sans un dommage considérable
pour leurs intérêts particuliers.

La Commission penseroit donc que le temps le plus propre

pour tenir l'Affemblée de diftrict, feroit depuis le 20 Septembre, jufqu'au 5 Octobre; enforte que pour remplir les intentions de Sa Majefté, & en même-temps le vœu des habitans de la Province, pour le temps refpectif de la tenue des Affemblées municipale, de diftrict & provinciale, le Roi feroit très-humblement fupplié d'ordonner :

1°. Que toutes les Affemblées municipales fe tiendront déformais chaque année en Rouffillon, un des trois derniers Dimanches du mois d'Août, ou le premier Dimanche du mois de Septembre, felon qu'il conviendra mieux à chacune des Municipalités.

2°. Que l'Affemblée de diftrict fera indiquée chaque année, par le Préfident de ladite Affemblée, de concert avec le Bureau intermédiaire du diftrict, environ le 20 Septembre, pour être terminée le 5 Octobre fuivant, au plus tard.

3°. Et enfin, que l'ouverture de l'Affemblée provinciale fera dorénavant indiquée chaque année, fous le bon plaifir du Roi, par le Préfident de ladite Affemblée, pour le 16 Novembre, ou un des jours fuivans, pour finir au plus tard le même jour du mois de Décembre.

Ce projet d'arrangement pour toutes les Affemblées, paroît le plus conforme aux intentions du Roi & aux intérêts des habitans de toute la province de Rouffillon.

Le tout ayant été difcuté, a réuni les fuffrages de l'Affemblée, qui a délibéré unanimement de le mettre fous les yeux de Sa Majefté & de fon Miniftre, en les fuppliant d'y faire tel droit que de raifon.

Enfuite il a été lu par MM. les Procureurs-Syndics, au nom de MM. les Députés de la Cerdagne, des repréfentations dont l'objet eft particulier à ce canton : elles ont été renvoyées au Bureau des fonds & de la comptabilité, pour y être prifes en confidération.

Fait & arrêté à Perpignan, les jour & an que deffus. *Signés*, J. G. Evêque d'ELNE, Préfident. T. RAMON, Secrét. Greffier.

Des 9 & 10 Janvier 1788.

Lefdits jours 9 & 10 Janvier 1788, les Bureaux ont travaillé chez MM. leurs Préfidens refpectifs.

QUATORZIEME SÉANCE.

Du 11 Janvier 1788.

LEDIT jour 11 Janvier 1787, à dix heures du matin, l'Af-femblée réunie dans le lieu ordinaire de fes féances M. Sauveur de Montella, feigneur de Verdignans & de Cruells, dans la Cerdagne, nommé le 31 Décembre dernier, en remplacement de Don Antoine de Travy, a pris place parmi les Seigneurs laïcs repréfentant l'Ordre de la nobleffe. Sa préfence a complété l'arrondiffement de Saillagoufe, & il a été attaché au Bureau des Fonds, de la Comptabilité & du Règlement.

Mgr. le Préfident a rappelé à l'Affemblée, que dans la féance du 15 Décembre dernier, elle avoit délibéré de faire célébrer un fervice pour M. Jean Tarrès, qu'elle s'étoit empreffée de s'affocier, & qu'elle a eu le malheur de perdre avant la tenue de la préfente Affemblée. Les rites de l'églife n'ayant pas permis de célébrer plutôt ce fervice, mondit feigneur le Préfident a propofé de le faire lundi prochain, qui eft le premier jour propre, à 9 heures & demie du matin, & a offert en conféquence fa chapelle. Cette propofition ayant été agréée, M. l'abbé Mauran a été prié de dire la meffe, & MM. les Procureurs-Syndics, d'inviter, au nom de l'Affemblée, le fils du défunt à affifter à la cérémonie.

Cette délibération ainfi prife, MM. les Procureurs-Syndics ont repréfenté que la Province manquant de fonds pour les ouvrages preffans qu'exige la communication avec l'intérieur du

Royaume, elle n'avoit de reſſources, pour l'entretien du Port-Vendres, que dans la bienfaiſance du Gouvernement; qu'il convenoit par conſéquent de s'aſſurer du payement annuel de la ſomme de 20'000 liv., accordée à cet effet par Sa Majeſté, ſur la caiſſe des ports maritimes de commerce, à la ſollicitation de M. le Maréchal de Mailly. Cette propoſition ayant été agréée de l'Aſſemblée, MM. les Procureurs-Syndics ont lu un Mémoire à préſenter pour cet objet, à M. le Contrôleur-général.

L'Aſſemblée a approuvé ce Mémoire, & prié Mgr. le Préſident de l'envoyer au Miniſtre, ainſi qu'à M. de la Millière & à M. le Maréchal de Mailly, avec prière à ce dernier de vouloir bien appuyer de ſa protection particulière la demande de l'Aſſemblée, auprès du Roi & de ſes Miniſtres.

Après quoi, Meſſieurs du Bureau de l'Impôt ont lu des obſervations ſur les différentes impoſitions, & particulièrement un projet de règlement ſur les ſaiſies & contraintes, pour le ſoulagement de la claſſe inférieure du peuple. L'Aſſemblée ayant jugé que ce projet étoit ſuſceptible de quelques changemens, elle les a indiqués à MM. du Bureau de l'Impôt, qui ſe ſont chargés de les inſérer dans leur Mémoire, & de communiquer le tout à MM. les Procureurs-Syndics, pour avoir leur avis, &, ſur icelui, être enſuite délibéré par l'Aſſemblée.

Fait & arrêté à Perpignan, leſdits jour & an que deſſus. _Signés,_ J. G. Evéque d'ELNE, Préſident. T. RAMON, Secr. Greffier.

QUINZIEME SÉANCE.
Du 12 Janvier 1788.

LEDIT jour 12 Janvier 1788, à 10 heures du matin, l'Aſſemblée réunie dans le lieu ordinaire, Meſſieurs du Bureau des Fonds & de la Comptabilité, qui avoient été chargés, conjointement avec MM. de Giſpert, Eychenne, Moréno & Delcaſſo, de diſcuter les griefs & objets de repréſentations expoſés par MM. les Députés de la Cerdagne, ont fait le rapport ſuivant.

Vous nous aviez chargés, Meffieurs, d'examiner les griefs dont fe plaignent Meffieurs de la Cerdagne. Après y avoir donné la plus férieufe attention, nous avons reconnu que pour prendre à ce fujet un parti fage & réfléchi, nous devions acquérir des connoiffances que la briéveté du temps & la multitude de nos occupations ne nous permettent pas d'obtenir. La Commiffion intermédiaire fera plus à portée de fe les procurer : elle aura le temps de difcuter chaque objet en particulier ; elle préparera la matière, & mettra la prochaine Affemblée en état de porter un jugement affuré fur les articles expofés. Cette lenteur ferviroit mal l'empreffement des plaignans, s'ils n'étoient eux-mêmes affez raifonnables pour fentir qu'elle feule peut affurer à la Cerdagne, d'une manière folide, le redreffement de fes griefs.

La première obfervation porte :

Les Efpagnols, qui poffèdent une grande partie des biens de la Cerdagne, n'y payent aucune capitation. Son régime étant mixte dans cette Province, ne paroîtroit-il pas jufte qu'ils payaffent, dans la même proportion que les autres habitans, la partie de cet impôt qui affecte directement les biens-fonds?

On affure que les Efpagnols en font exempts par un accord particulier fait entre les deux cours de France & d'Efpagne ; au moyen duquel les François, qui ont des biens dans ce dernier Royaume, ne font pas affujettis à l'impôt connu fous le nom de *Perfonnal*. Il nous paroît, Meffieurs, que fi cet accord exifte, la Cour n'a pas, en le formant, fait attention au régime de la capitation en Rouffillon. Le *Perfonnal* n'affecte que la perfonne, & ne peut être payé par le contribuable qui n'a point fon domicile fur le lieu où il fe perçoit : il en feroit de même de la capitation, fi elle étoit perfonnelle : mais, fi elle eft mixte, l'Efpagnol ne peut s'y fouftraire quant à fes biens, & nous croyons que l'Affemblée doit faire à ce fujet des repréfentations à Sa Majefté.

Sur ces obfervations, nous penfons, Meffieurs, qu'on ne fauroit apporter trop de prudence dans la folution de cette queftion. Il faut préalablement connoître quel étoit dans fon principe le régime de la capitation dans la Province ; étoit-elle réelle ou perfonnelle?

Eft-elle mixte aujourd'hui? &, dans ce cas, y a-t-il une

partie de cet impôt qui affecte la personne, & une partie qui soit proportionnelle à la fortune du contribuable ?

Il est néceffaire encore de difcuter & comparer les différentes déclarations & arrêts du Confeil, rendus fur la capitation, depuis fon introduction en Rouffillon, & s'informer des différentes décifions que MM. les Intendans ont données ou qu'ils ont provoquées, & dans quelles circonftances elles ont été rendues.

La Commiffion intermédiaire fe procurera tous ces renfeignemens, elle en fera la bafe de fon avis, qui fera rapporté à l'Affemblée prochaine, pour être par elle délibéré ce qu'il appartiendra.

La deuxième obfervation porte :

Les habitans du Capfir & de la Cerdagne nourriffent une affez grande quantité de bêtes à laine ; ils ne peuvent en diminuer le nombre fans renoncer à l'efpoir de leurs récoltes ; le fumier étant indifpenfable à la reproduction d'un terrain peu fertile, un fol aquatique où l'herbe eft communément aigre, force le cultivateur à donner à fes troupeaux du fel une ou deux fois la femaine. L'accroiffement du prix de cette denrée, autorifé par les lettres-patentes du 24 Septembre 1785, leur a caufé le plus grand préjudice ; ils fe trouvent dans l'alternative cruelle ou de fe procurer par la contrebande, que la proximité de l'Efpagne rend aifée, mais qui eft toujours dangereufe, & qui répugne à leur délicateffe, une partie du fel qui leur eft indifpenfable, ou de renoncer à élever des troupeaux ; ce qui ameneroit, dans moins de dix ans, la misère & la dépopulation dans leurs montagnes.

Dans cette pofition, ils offrent à votre fageffe un moyen qui, fans nuire aux intérêts de la Ferme générale, diminueroit, en partie, le préjudice que leur caufe la crue du fel.

Chaque Communauté, dans la Cerdagne, eft tenue de prendre chaque année, au Bureau des Fermes une certaine quantité de fel. Ils ne fe refufent pas de le payer au prix fixé par la loi ; mais ils demandent que le fel que chaque particulier voudroit fe procurer au-delà de celui qui eft prefcrit par l'accord, fût livré à un prix affez borné, pour que la cupidité particulière ne fût point tentée de fe procurer du fel d'Efpagne.

Le prix de 8 liv. le minot, quoique fupérieur au prix du fel

en

en Espagne, anéantiroit, difent-ils, la contrebande ; la Ferme y gagneroit, par l'augmentation considérable de vente qu'elle feroit annuellement, & le particulier, en renonçant à un commerce frauduleux, acquerroit l'aifance & la tranquillité.

MM. les Députés de la Cerdagne défireroient que l'Affemblée provinciale, ou fa Commiffion intermédiaire, traitaffent de cet objet avec la Ferme générale.

Nous avons penfé, Meffieurs, que, fur cet objet, l'intérêt général de la province pouvoit être lié avec l'intérêt particulier du Capfir & de la Cerdagne ; qu'il convenoit, par conféquent, de charger la Commiffion intermédiaire de s'informer avec MM. les Fermiers-généraux, ou avec leurs Prépofés en Rouffillon, quels feroient les arrangemens qui, fans diminuer le bénéfice de la Ferme, pourroient procurer, à un prix modéré, aux nombreux propriétaires des troupeaux & beftiaux de toute efpèce, le fel qui leur eft néceffaire, & qu'ils regardent, avec raifon, comme le plus fûr préfervatif contre les maladies communes dans des pâturages gras & humides.

La Commiffion communiqueroit enfuite cet arrangement aux Affemblées municipales, & prendroit leur avis. L'Affemblée provinciale prochaine, ainfi éclairée, pourroit alors faire un accord avec la Ferme, dont les conditions, agréables à la pluralité, ne feroient pas feulement l'avantage d'un canton, mais celui de toute la province.

La troifième obfervation porte : ———

Les troupeaux de la Catalogne viennent tous les ans, pendant l'été, dépaître dans des pâtis, connus vulgairement fous le nom de *Pefquers del Rey*. Quelques Communautés de la Cerdagne payent des cenfives pour en avoir le droit, & l'herbe eft dévorée avant que leurs troupeaux en approchent. Ils ne s'oppofent pas à ce que le paffage en foit libre pour les troupeaux efpagnols, qui vont dépaître fur les montagnes voifines ; que même il leur foit permis d'y paffer une nuit avec l'ordre exprès de ne point y faire un plus long féjour. Ils croient que cette préférence, qu'ils follicitent, eft un acte de juftice, & ils l'efpèrent. Cette défenfe ne portera préjudice à perfonne, & fi quelqu'un faifoit confter de fon droit, ils s'offrent à l'en dédommager.

Q

Nous eftimons que cet objet doit être approfondi ; que MM. de la Cerdagne, rendus chez eux, doivent expofer ce grief dans un mémoire, le plus clair poffible, fe procurer tous les titres & renfeignemens qui feront à leur portée, pour juftifier leurs droits exclufifs aux *pafquiers* du Roi, faire parvenir le tout à la Commiffion intermédiaire, qui, de fon côté, prendra les éclairciffemens convenables auprès du Receveur des Domaines de Sa Majefté & à la Chambre du Domaine ; &, après avoir examiné & difcuté l'affaire, fera fon rapport & donnera fon avis à l'Affemblée provinciale prochaine, qui délibérera fur l'intérêt qu'elle doit prendre à l'objet de cette obfervation.

La quatrième obfervation porte :

Les Communautés de la Cerdagne font obligées de fournir gratuitement, aux troupes en garnifon au Mont-louis, tout le bois néceffaire pour leur chauffage, même une partie de celui des États-Majors ; la plûpart n'ont aucun bois en propriété, & doivent l'acheter fort cher. Les Députés ne peuvent croire que Sa Majefté ait jamais eu l'intention de gréver particulièrement la Cerdagne d'un impôt dont l'utilité, fi elle étoit réelle, devroit gréver l'univerfalité de la province, & non un canton qui n'en peut retirer aucun avantage particulier. Ils efpèrent de la juftice de l'Affemblée, que cet objet fera pris en confidération, & que le Gouvernement, d'après les obfervations qui lui feront faites, voudra bien ordonner que le bois néceffaire aux troupes & à l'État-Major du Mont-louis, ceffera d'être à la charge des Communautés de la Cerdagne : l'exemple de la ville de Prats-de-Mollo, qui a été délivrée, il y a environ trois ou quatre ans, d'une pareille impofition, leur permet d'efpérer le fuccès de leur demande.

Les Députés de la Cerdagne, de retour chez eux, devroient prendre des éclairciffemens plus précis fur ce point, & donner à la Commiffion intermédiaire une connoiffance plus approfondie du fait dont il s'agit ; &, dans le cas où il fera tel qu'ils l'expofent, la Commiffion pourroit s'informer, avec M. l'Intendant, des moyens qu'ont employé les habitans de Prats-de-Mollo, pour fe libérer d'une pareille fervitude, & de la décifion qui eft intervenue, afin d'en provoquer une femblable en faveur de MM. de la Cerdagne.

La cinquième obfervation porte :

- Les négocians de la Cerdagne françoife achètent des marchandifes en Rouffillon, pour les porter dans le lieu de leur domicile ; ils en payent les droits & prennent un billet d'acquit. Quant ils font au Mont-Louis, le Bureau des Fermes les oblige à payer le droit de fortie pour l'Étranger, comme fi la marchandife étoit deftinée pour l'Efpagne : ils réclament contre cet abus. Ils avouent qu'ils doivent paffer par Llivia, ville d'Efpagne, mais le paffage de cette ville a été déclaré libre par le traité des Pyrénées.

Nous jugeons pareillement convenable que MM. de la Cerdagne, de retour chez eux, cherchent à juftifier ce point par des quittances d'un double droit payé, & les faffent parvenir à la Commiffion intermédiaire, qu'il feroit convenable d'autorifer pour lors à demander le redreffement de ce grief.

D'après cette difpofition, nous exhortons MM. de la Cerdagne, à fupporter patiemment, pendant quelque temps encore, des fujets de plaintes, auxquels l'Affemblée, mieux inftruite, cherchera les moyens les plus efficaces de remédier.

Ce rapport ainfi fait, & la matière mife en délibération, l'Affemblée a adopté unanimement l'avis du Bureau, & a délibéré d'autorifer la Commiffion intermédiaire à agir en faveur de MM. de la Cerdagne, de la manière indiquée dans le rapport.

L'Affemblée ayant connoiffance de l'incommodité qui empêche M. le Marquis d'Aguilar de fe rendre à fes féances, a chargé MM. l'Abbé de Gifpert & le Comte de Ros, d'aller, en fon nom, lui témoigner la part qu'elle prend à fon état, & le regret qu'elle a d'être privée de fes lumières.

Fait & arrêté à Perpignan, les jour & an que deffus. *Signés,*
J. G. Evêque d'ELNE, Préfident. T. RAMON, Secr. Greffier

SEIZIEME SÉANCE.

Du 13 Janvier 1788.

Ledit jour 13 Janvier 1788, à dix heures du matin, l'Assemblée réunie dans le lieu ordinaire des séances précédentes, MM. l'Abbé de Gispert & le Comte de Ros ont rendu compte de leur mission auprès de M. le Marquis d'Aguilar, & ont témoigné, de sa part, à l'Assemblée, combien il est sensible à l'intérêt qu'elle prend à santé, & reconnoissant de l'attention qu'elle lui a marqué.

Ensuite, MM. du Bureau des Travaux publics ont représenté à l'Assemblée, que, pour consolider la digue exécutée l'année dernière sur la rive droite de la Basse, il étoit convenable de combler un fossé qui se trouvoit à l'extrémité de cette digue; que sa conservation, & l'intérêt de la ville de Perpignan, exigeoient de plus qu'on creusât un nouveau lit de quelques toises de longueur à ladite rivière de la Basse, afin que tombant obliquement sur celle de la Tet, elle ne fût plus, lors de ses crues, refoulée vers la ville. Le Bureau a présenté, en conséquence, les projet & devis faits par M. l'Ingénieur en chef, des travaux à exécuter pour cet objet; lesquels ont été examinés & approuvés par l'Assemblée; & il a été arrêté unanimement, qu'il seroit dressé des affiches pour l'adjudication de cette entreprise, lesquelles seroient placées aux lieux accoutumés, & quelques-unes même distribuées dans les villages circonvoisins, pour l'adjudication être faite au rabais. Dimanche prochain, 20 du courant, l'Assemblée ayant cru, vu la nécessité pressante desdits ouvrages, & le peu d'importance des fonds qu'exige cette entreprise, devoir déroger, pour cette fois seulement, & sans tirer à conséquence, à l'article XII du nouveau règlement, qui prescrit que les adjudications seront annoncées au-moins quinze jours à l'avance.

Et fur ce qu'il a été propofé d'autorifer MM. les Procureurs-Syndics à engager de gré à gré, ou, en cas de réfiftance, par telles voies que de droit, la dame Vallés à planter un vacant qui lui appartient au bout de cette digue, le fieur Bonaure a affuré l'Affemblée, au nom de ladite dame, de la difpofition où elle eft de le faire dès qu'on lui en aura tracé l'alignement.

Mgr. l'Evêque, Préfident, a propofé de délibérer que les Membres de l'Affemblée, & principalement fes Officiers, & les Députés compofant la Commiffion intermédiaire, s'abftiendroient en tout temps de prendre aucun intérêt direct ni indirect aux entreprifes dont elle fait les adjudications : Sur quoi l'Affemblée confidérant que cette délibération intéreffe fon honneur, que d'ailleurs elle doit néceffairement lui mériter la confiance du public, a déféré, d'un confentement unanime, à la propofition de Mgr. le Préfident ; & en a fait une loi pour tous fes Membres & Officiers.

Après quoi, MM. du Bureau des Fonds & de la Comptabilité ont fait un rapport fur l'évaluation des frais de l'Affemblée provinciale & de celles de diftrict, & ont dit :

MESSIEURS,

Le Bureau des Fonds & de la Comptabilité fe trouve forcé, par le cours effentiel des affaires, à vous préfenter un état de la dépenfe annuelle à laquelle il eftime que pourra s'élever la fomme des frais de l'Affemblée provinciale & de celles de diftrict. Notre délicateffe eût répugné à ce travail, fi les fonctions particulières de ce Bureau, & les ordres de Sa Majefté ne nous en avoient fait un devoir.

Vous vous appercevrez, Meffieurs, que, dans l'eftimation de cette dépenfe, nous n'avons pas perdu de vue l'efprit des inftructions rèmifes à l'Affemblée ; en offrant quelque dédommagement à ceux qui confacrent leur temps à la patrie, nous avons eu moins d'égard à leurs fervices, qu'à l'économie qui nous eft prefcrite.

Nous allons d'abord vous rendre compte de ce qui a été réglé par les deux Affemblées de diftrict, relativement aux frais de

leur tenue , & aux honoraires de leurs Membres & Officiers .
respectifs.

Assemblée du District du Roussillon.

Loyers du local destiné à la tenue de l'Assemblée , arrangement , entretien d'icelui, pour mémoire seulement.

Honoraires de MM. les Procureurs-Syndics,
voyages , ports de lettres & tous frais quelconques compris, 900 liv. à chacun , ci . . . 1800 l.
Au Secrétaire - Greffier & à son Adjoint ,
demeurant respectivement chargés de tous les
frais du Bureau, à chacun 700 liv. , ci. . . . 1400
Honoraires des quatre Députés composant
le Bureau intermédiaire, à raison de 400 l.
chacun.. 1600   } 5460 l.
Honoraires des onze Membres de l'Assem-
blée (le Président non compris), qu'on a
supposé ne s'assembler annuellement que pour
dix jours , à 6 liv. par jour. 660

Les frais de l'Assemblée de district du Roussillon
s'élèvent ainsi à cinq mille quatre cens soixante livres.

Assemblées du District des Vigueries du Conflent & Cerdagne.

Loyer d'un local convenable pour la tenue
de l'Assemblée de district & de son Bureau
intermédiaire. . . . . 120 l.   } 1120
Honoraires d'un Procureur-Syndic unique,
ci. 1000
Et pour ses ports de lettres , paquets,

6580

De ci-contre. . . . . 6580 l.

exprès, &c., dont il préfentera l'état au Bureau
intermédiaire, ci. . . . . 200 l.
Emolumens du Secrétaire-Greffier, ci. . . 800
Frais de Bureau. 200
Gages d'un concierge ou garçon de Bureau,
& entretien des meubles néceffaires. 172
Honoraires des quatre Députés compofant 2992
le Bureau intermédiaire, à raifon de 300 l.
chacun 1200
Honoraires des fept Membres de ladite
Affemblée (le Préfident non compris), à
raifon de 6 liv. par jour pendant dix jours
chaque année, ci. 420

Enfin, on eftime, par apperçu, que l'achat des
meubles pourra s'élever à 200 liv., pour mémoire
feulement.

On voit ainfi que les frais de l'Affemblée du diftrict
du Conflent & Cerdagne s'élèvent à quatre mille cent
douze livres.

Total des deux Affemblées de diftrict. 9572

Vous voyez, Meffieurs, par cette analyfe, que MM. les Préfidens des Affemblées refpectives ont eu à cœur de porter l'é-
conomie la plus exacte dans les frais indifpenfables de leur
département. Nous applaudiffons à leurs vues, & nous leur ac-
cordons avec plaifir, ainfi qu'à leurs coopérateurs, les juftes
éloges que mérite leur défintéreffement. Nous les prions cependant de permettre que nous faffions, fur l'eftimation de
leurs dépenfes quelques obfervations particulières; l'Affemblée décidera de leur valeur.
Il nous paroît d'abord, que dans une Affemblée, dont tous
les Membres doivent être parfaitement égaux, en obfervant d'ail-

leurs les nuances d'état qui peuvent les différencier entr'eux, cette égalité doit principalement influer sur le traitement de chacun d'eux. MM. les Présidens des deux Assemblées n'ont refusé sans doute d'être taxés comme les autres Membres, que parce qu'ils ne veulent point prendre d'honoraires, & en cela nous louons leur désintéressement; mais comme il peut arriver que, dans la suite, parmi leurs successeurs, il s'en trouve de moins désintéressés, alors on formeroit peut-être en leur faveur une taxe nouvelle, surabondante à celle des autres Membres.

Il nous paroîtroit donc plus simple, & en même-temps plus avantageux, pour la fixation des frais éventuels des Assemblées, que MM. leurs Présidens permissent qu'on les taxât, ainsi que chacun de MM. les Députés, & sur le même pied. Ils se trouveront également à portée de montrer le même désintéressement, en ne prenant pas la taxe qui leur aura été fixée, comme il est probable que feront plusieurs Membres de l'Assemblée, lorsqu'ils se trouveront, par leur fortune, en état de travailler sans honoraires, & dans la seule vue du bien public. De cet arrangement résultera un autre avantage : l'état de dépense de l'Assemblée ne sera sujet à aucune variation ; ce qui pourroit occasionner dans la suite des inconvéniens graves, comme on l'a observé ci-dessus.

En second lieu, il semble que l'on pourroit soumettre à un calcul invariable, & d'après des bases fixes, le montant des honoraires qui seroient accordés à chacun des Députés de l'Assemblée, en faisant une attention particulière à la durée de chacune de ces Assemblées, & sur-tout à l'éloignement du domicile de chacun des Députés.

Ainsi, il paroîtroit juste qu'un Député qui a son domicile ordinaire à Perpignan ne jouît pas, par chaque jour d'Assemblée, d'un honoraire égal à celui qui a son domicile dans le Conflent, & à plus forte raison dans la Cerdagne. En effet, le premier ne se déplace point, jouit de sa maison & de son ménage, & ne peut légitimement exiger d'indemnité, que pour un emploi de temps qui souvent ne l'empêche pas de suivre le cours de toutes ses affaires ; au-lieu que l'autre abandonne, pendant tout son séjour à l'Assemblée, le soin de ses affaires, qui doivent en souffrir beaucoup, & doit s'éloigner & se nourrir dans une ville étrangère,

pendant

pendant un temps considérable, & toujours à grands frais.

Si vous trouvez ces motifs suffisans pour adopter une inégalité de taxe entre MM. les Députés, dans ce cas nous vous proposerons une division de la province, qui nous a paru fixer assez heureusement, &, cependant, d'une manière générale, la proportion qu'on pourroit mettre entre les honoraires d'un chacun de MM. les Députés, relativement au plus ou moins d'éloignement de leur domicile ordinaire : nous diviserions donc la province en quatre parties.

La première comprendroit la ville de Perpignan ; tous les Députés qui seroient domiciliés dans cette ville, & qui, par conséquent, ne sont pas dans le cas de changer de domicile & de se déplacer pour venir à l'Assemblée, quelques Cantons qu'ils ayent à représenter, il leur sera assigné des honoraires de 3 liv. par jour, pendant la tenue des séances.

Les Députés non domiciliés à Perpignan, mais bien dans la partie du Roussillon proprement dit, jusqu'au Conflent exclusivement, & dans celle en de-çà du Tech aussi exclusivement, formant les arrondissemens de Perpignan & de Thuyr, & partie de celui d'Elne, seront taxés à 4 liv. par jour.

Aux Députés qui habiteront le Conflent haut & bas, & la partie du Valespir, qui s'étend depuis la rivière du Tech jusques inclusivement la ville d'Arles, il sera assigné pour honoraires 5 liv. par jour.

Enfin, il sera attribué des honoraires de 6 liv. par jour, à chacun de MM. les Députés qui seront domiciliés dans la Cerdagne & dans le Capsir, ou dans la partie du Haut-Valespir, au-dessus de la ville d'Arles.

Il semble qu'on pourroit suivre les mêmes proportions pour le payement des honoraires des Députés dans les Assemblées de district ; au-moins celle du district du Roussillon, qui se tient à Perpignan, ne souffriroit-elle aucune difficulté.

Quant à celle du Conflent & Cerdagne, qui se tient à Prades, on pourroit porter à la somme de 3 liv. par jour, les honoraires des Députés domiciliés à Prades.

A celle de 4 liv. par jour, les honoraires des Députés domiciliés dans les deux arrondissemens d'Olette & de Vinça, attendu que Prades se trouve à peu-près au milieu.

R

Enfin, à celle de 5 liv. les honoraires des Députés domiciliés dans l'arrondissement de Saillagouse.

Cette taxe seroit parfaitement proportionnée à l'éloignement du domicile de chacun des Députés, tant pour l'Assemblée provinciale que pour chacune des deux Assemblées de district.

Par cet arrangement, les taxes respectives de chacun de MM. les Députés se trouveront invariablement fixées, au-moins pour ce qui concerne chacun d'eux à raison de son assistance à l'Assemblée : mais, quant à ce qui regarde les frais de l'Assemblée en eux-mêmes, nous observerons qu'il doit toujours en résulter une différence qui dépendra du nombre de MM. les Députés domiciliés à Perpignan. Cette différence, qui sera toujours en moins, tournera au profit de l'Assemblée, sur ses autres dépenses, ainsi que les honoraires de ceux qui jugeront à propos de faire remise de leur taxe.

En troisième lieu, nous estimons qu'il est de la dignité de ces Assemblées, de ne point soumettre ceux de MM. les Officiers qui en font partie, comme MM. les Procureurs - Syndics, à donner annuellement un état détaillé des dépenses qu'ils auront été dans le cas de faire pour le service de la province, comme voyages, copistes, ports de lettres, papier, &c. ; la décence nous paroît exiger qu'ils en soient crus simplement sur leur parole, si les Assemblées ne préféroient, & peut - être aussi eux-mêmes par délicatesse, qu'il leur fût assigné annuellement une somme fixe pour leurs honoraires & toute dépense quelconque, comme il nous a paru qu'on en avoit usé dans les Assemblées provinciales dont nous avons eu connoissance, telles que celles d'Amiens, de Melun, & plus sûrement encore celles du Berry.

Enfin, nous adoptons le principe des Assemblées de district de cette province, en ce qu'elles ont pensé que les honoraires annuels qui sont donnés à ceux de MM. les Députés qui forment les Commissions intermédiaires, doivent leur tenir lieu de tous honoraires pendant la durée de leurs Assemblées respectives.

D'après ces principes, Messieurs, nous allons fixer & mettre sous vos yeux, l'état détaillé de tous les frais qu'entraîneront annuellement les trois Assemblées de la province.

Dépenses de l'Assemblée provinciale.

Honoraires de vingt-huit Membres de l'Assemblée pendant un mois au-plus qu'elle doit durer, suivant le règlement du Roi.

Pour quatre Membres, Députés de la Cerdagne & Capsir, à 6 liv. par jour, ci . . . . 720 l.

Pour quatre Députés du Haut-Valespir au-dessus d'Arles, *idem*, ci. 720

Pour huit Députés du Conflent haut & bas, à 5 l. par jour, ci. 1200

De même pour quatre Députés du Bas-Valespir, à 5 liv. ci. 600

Pour quatre Députés du Roussillon proprement dit, à 4 liv. chacun, ci. 480

Les autres quatre Députés étant habitans de Perpignan, seroient taxés à 3 liv. par jour; mais comme ils composent la Commission intermédiaire, leur taxe journalière est nulle, & ils recevront des honoraires annuels de 400 liv. 1600

Il sera assigné en général, pour honoraires & toutes dépenses quelconques, à chacun de MM. les Procureurs-Syndics de l'Assemblée provinciale, une somme de 2000 liv. chacun, ci. 4000

Pour le Greffier de l'Assemblée provinciale, aide & toutes fournitures de Bureau, à l'exception des registres & papier pour les mémoires, ci. 1400

Assemblée provinciale. 10720

Assemblées de district. 9572

Total des frais des trois Assemblées réunies, ci . . 20292

Tel eft, Meſſieurs, le premier apperçu des dépenſes néceſſaires à ce nouveau régime : mais ſi, abſtraction faite pour le
moment des frais indiſpenſables d'un premier établiſſement,
vous y joignez ceux d'un local néceſſaire dans la ſuite pour la
tenue de l'Aſſemblée, bois, lumières, feu, papiers, plumes,
cire, encre, huiſſier, &c., objets auxquels Mgr. l'Evêque a bien
voulu pourvoir juſqu'à ce jour, & enfin les frais d'impreſſion
qui ſe renouvelleront chaque année, vous ne ſauriez évaluer la
dépenſe des trois Aſſemblées à moins de 25,000 liv. Des économies pourront y ſubvenir peut-être à l'avenir; mais, pour
l'année courante, n'ayant point de fonds à votre diſpoſition,
vous vous trouverez forcés d'avoir recours à Sa Majeſté pour
y fournir.

L'Aſſemblée, ſur ce rapport, a témoigné un déſir unanime
de concourir gratuitement au ſervice de la patrie, en lui faiſant
le ſacrifice de tout honoraire; mais, conſidérant que quelques-
uns de ſes Membres, ou de leurs ſucceſſeurs, pourroient ſouf-
frir quelque préjudice dans leurs affaires, par des occupations
ſuivies, qui prennent tout leur temps, ou par une abſence d'un
mois hors de leur domicile, a délibéré d'accorder à chaque
Membre, non à titre d'honoraires, qui ne ſauroient être ap-
préciés, mais en forme d'indemnité & de dédommagement de
leurs dépenſes effectives, pendant la tenue de l'Aſſemblée ſeulement.

1°. A chacun des Membres domiciliés à Perpignan, Mgr. le
Préſident y compris, 3 liv. par jour.

2°. Aux Membres domiciliés dans le Rouſſillon proprement
dit, 4 liv. par jour.

3°. Aux Membres domiciliés dans les Haut & Bas Conflent,
& dans la partie du Valeſpir depuis Arles juſqu'à la mer, 5 l.
par jour.

4°. Aux Membres Députés de la Cerdagne, du Capſir & de la
partie du Valeſpir au-deſſus d'Arles, 6 liv. par jour.

Aux quatre Députés formant la Commiſſion intermédiaire,
400 liv. par an pour chacun.

A MM. les Procureurs-Généraux-Syndics, y compris toutes
ſortes de frais, 2000 liv. par an pour chacun.

Et, finalement, a réglé que le traitement du Greffier, tous frais compris, à l'exception des regiftres & papiers de mémoire, feroit fixé à 1400 liv, par an, fauf à lui, s'il trouve fon traitement trop modique, à porter fon compte de dépenfe, pour être pris en confidération par l'Affemblée prochaine, qui décidera alors s'il y auroit lieu à lui attribuer une gratification ou une augmentation de traitement.

Et, attendu que l'Affemblée n'a aucun fonds pour fournir à ces dépenfes ; qu'elle ne verroit qu'avec la plus grande répugnance lever fur la province une nouvelle impofition qui aggraveroit celles dont elle gémit déjà ; que ce moyen éloigneroit la confiance pour un nouvel établiffement qui doit s'attacher à mériter l'eftime du public ; a délibéré, conformément au rapport, de fupplier Sa Majefté de vouloir bien, pour cette année, & en attendant qu'elle puiffe faire des économies fur les frais de régie des impofitions établies, fournir aux frais de la tenue de la préfente Affemblée.

Enfin, l'Affemblée a invité celles de diftrict à fe conformer à la difpofition de la préfente, en fuivant la diftribution indiquée dans le rapport.

Fait & arrêté à Perpignan, les jour & an que deffus. *Signés,* J. G. Évêque d'ELNE, Préfident. T. RAMON, Secr. Greffier.

DIX-SEPTIEME SÉANCE.

Du 14 Janvier 1788.

LEDIT jour 14 Janvier 1788, à neuf heures & demie du matin, l'Affemblée réunie dans le lieu ordinaire de fes féances, s'eft rendue en cérémonie à la Chapelle du Palais épifcopal, où elle a affifté au fervice qui a été célébré pour M. Jean Tarrès. Son fils, qui avoit été invité, y a pris place à côté de M. le Préfident.

Rentrée dans la falle de fes féances , M. le Marquis d'Oms ; le plus ancien opinant parmi la Nobleffe , Préfident , par empèchement de Mgr. l'Evêque d'Elne , qu'un accident retient dans fa chambre , & par l'indifpofition de M. le Marquis d'Aguilar , a propofé de députer auprès de mondit Seigneur l'Evêque , pour lui témoigner , au nom de l'Affemblée , la part qu'elle prend à fon état , le regret qu'elle a de fe voir privée de fes lumières , & les vœux qu'elle forme pour fon prompt rétabliffement ; MM. l'Abbé de Monteils , de Çagarriga , Bonaure & Moréno , ont été nommés pour remplir cette commiffion , & font venus porter à l'Affemblée les remercîmens de Mgr. l'Evêque , & l'efpoir de le voir bientôt reprendre fes premières fonctions.

Après quoi , M. le Préfident a repréfenté à l'Affemblée , qu'en vertu de l'art. 1er. de la 4e. fection du Règlement du 5 Août dernier, M. le Commiffaire du Roi doit faire clôture de la préfente Affemblée le trentième jour de fa tenue , qui eft cejourd'hui ; que cependant l'Affemblée fe trouve dans le cas d'attendre une réponfe du Miniftère , ce qui la met dans l'impoffibilité de fe féparer ; qu'en conféquence , il feroit convenable d'en folliciter , auprès de M. le Commiffaire du Roi , la prolongation , jufques à Samedi 19 inclufivement. MM. l'Abbé Eychenne , d'Anglada , Planes & Balleffa , ont été députés à cet effet , & chargés particulièrement de faire obferver à M. le Commiffaire du Roi , que l'article ci-deffus énoncé l'autorifant à clorre l'Affemblée avant le trentième jour , fi elle le requéroit , il paroît fuivre de l'interprétation du même article , qu'il peut également en autorifer la prolongation , lorfque la néceffité l'exige. Ces Meffieurs , de retour , ont annoncé le confentement de M. le Commiffaire du Roi à la prolongation de la préfente Affemblée , jufques au Samedi 19 , conformément à la demande qui lui en a été faite.

Enfuite , MM. de la Commiffion pour l'Agriculture , Commerce & Bien public , ont fait le rapport fuivant.

Le Bureau que vous avez chargé , Meffieurs , de l'Agriculture , Commerce & Bien public , auroit dû , pour répondre d'une manière bien fatisfaifante à l'objet de fa commiffion , entrer dans les détails les plus étendus : chacune de fes parties exigeant des discuffions particulières, nous n'avons pu, dans un temps auffi limité, raffembler des notions préliminaires.

L'intervalle de notre féparation fera rempli, Meffieurs, par l'étude des objets intéreffans qui doivent concourir au bonheur de cette Province. Nous pourrons alors vous offrir les connoiffances nouvelles que nous aurons acquifes, & celles que chacun de nos concitoyens s'empreffera d'y réunir.

Nous nous bornerons quant à préfent, à répondre aux queftions propofées par MM. les Procureurs-Généraux-Syndics. En nous occupant de leurs folutions, nous avons cru vous donner une preuve fuffifante de notre travail & de notre zèle.

1°. QUEL eft l'état actuel de l'agriculture dans la province de Rouffillon ? Les défrichemens faits depuis environ 20 ans, ne lui ont-ils pas été nuifibles ? Il eft au-moins avoué qu'ils l'ont été dans les montagnes. Ne feroit-il pas convenable de s'occuper de l'exécution de l'édit qui les a défendus ?

Agriculture.

Queftion.

Il eft certain que les Rouffillonnois ont de tout temps attaché la plus grande importance à l'agriculture. Les Provinces voifines ont trouvé dans leurs rivières, la fource & l'aliment des canaux navigables qui les ont vivifiées par un commerce actif. Le Rouffillon, placé fous un foleil brûlant, a tiré un autre avantage des rivières qui le traverfent : il les a faignées, & une induftrie dont le fiècle préfent s'honoreroit, a conduit à grands frais, fur des terrains élevés, arides & de peu de rapport, des canaux d'arrofage qui en ont augmenté les produits.

Nous avouerons que les nouvelles connoiffances fur la culture des terres n'ont pas encore pénétré en Rouffillon. Trop éloigné du Gouvernement, pour attirer fes regards particuliers; trop borné dans fes facultés, pour fe livrer à de grandes entreprifes; découragé par quelques expériences fans fuccès, toute nouveauté répugne au génie de fes habitans. Ils cultivent paifiblement, fuivant les principes de leurs pères, l'héritage qu'ils leur ont tranfmis, & l'agriculture, fans être négligée dans cette Province, n'y a point fait des progrès rapides depuis un fiècle. On attend de vos lumières, Meffieurs, & de celles de la So-

ciété Royale établie dans cette ville , de nouveaux renfeignemens qui la conduiront à fa perfection.

Quant à la feconde partie de la queftion , le Bureau eftime
que les défrichemens faits depuis 20 ans ont été réellement nuifibles à l'agriculture ; nuifibles dans les montagnes , que les
moindres orages ravinent & dégradent au point d'en emporter
toutes les terres. Il feroit urgent de donner la plus grande attention aux plantations , qui font les véritables richeffes de cette
partie de la Province ; nuifibles dans la plaine , les montagnes
n'étant plus garnies d'arbres, les eaux tombent rapidement &
tout-à-coup , fans être arrétées dans leur cours , au-lieu qu'elles
defcendroient plus lentement , fans entraîner les terres qu'elles
parcourent. Les débordemens qu'on éprouve aujourd'hui font en
effet moins des inondations d'eau , que des inondations de terre
& de brouffailles.

Le Bureau penfe qu'il feroit fage de réclamer l'exécution de
l'Edit qui a défendu les défrichemens , avec certaines modifications que les localités pourroient exiger.

2°. Les inondations caufant prefque annuellement au Rouffillon un mal ineftimable , quels feroient les moyens que vous
jugeriez convenables d'adopter pour contenir les rivières & les
torrens dans leur lit?

Le Bureau eftime que le moyen le plus sûr de contenir les
rivières & torrens , & d'obvier au mal qu'elles occafionnent ,
c'eft d'en planter les bords en taillis à une certaine profondeur.
Il feroit à défirer que , vers l'embouchure , ces plantations
euffent , de chaque côté , de 20 à 24 toifes de profondeur , &
ne puffent jamais être taillées que par tiers ou par quarts ; que
dans les parties fupérieures où la nature du terrain & la quantité de pierres ne permettroient pas de pouffer les plantations à
cette profondeur , on fe bornât à ce qui feroit poffible ; mais
on laifferoit au-moins 12 toifes en friche ; les prés qui s'y formeroient naturellement feroient infiniment plus utiles à l'agriculture , que des récoltes précaires dont le fuccès dépend de la
beauté & de la conftance des faifons.

Le même fyftéme eft à-peu-près applicable aux ravins &
torrens du fecond ordre. Il feroit convenable qu'il y eût fur
chaque rive une ou deux toifes de terrain en friche. Les bruyè-
res

res qui y croîtroient retiendroient les terres des champs riverains , & fourniroient une pâture affurée aux bêtes à laine,
dont la dépopulation annuelle porte un grand préjudice , 1°· à
l'agriculture , qui, par-là , fe trouve privée d'engrais ; 2°· au
commerce , dont les laines & la draperie faifoient autrefois
une branche intéreffante dans la Province.

3°· L'impôt connu fous le nom de droit fur les Huiles , &
fon doublement, n'a-t-il pas nui effentiellement à la culture de
l'olivier ? Les vexations qu'entraîne le régime de cet impôt def-
tructeur , font plus fenfibles en Rouffillon , que dans les Provinces abonnées. Sa fuppreffion avoit été promife aux Notables.
En attendant que les befoins du Gouvernement permettent ce
léger facrifice, ne s'offriroit-il pas à votre juftice un moyen de
répartir plus également ce tribut, qui ne porte aujourd'hui que
fur une claffe de propriétaires ?

Il eft conftant que rien n'a plus nui à la multiplication du
plant d'olivier, que l'établiffement du droit fur les huiles. Cependant plufieurs terres de la Province ne fauroient être propres
à d'autre culture ; mais la crainte où eft chaque cultivateur ,
de voir accroître fes propres impofitions d'un fardeau que chaque
propriétaire ne partage pas , l'a éloigné de fe vouer à une
branche d'induftrie analogue à la plus grande partie de fon fol.

La fuppreffion de ce droit onéreux, & dont le régime eft fi
vexatoire, avoit été promife aux Notables. Dans l'attente de ce
bienfait, le Bureau eftime qu'il devroit fe concerter avec celui
de l'Impôt, pour repréfenter à Sa Majefté, qu'il lui paroît jufte
de confidérer l'impôt fur les huiles comme faifant partie de celui
des vingtièmes, & par conféquent comme devant entrer en
confidération dans fa répartition. Si l'Affemblée fe refufoit à
confondre ces deux objets, la Commiffion intermédiaire devroit
être chargée de folliciter un abonnement modéré, dont l'Affemblée feroit la répartition fuivant les principes d'une juftice
proportionnelle.

4°· Quelles font les exportations de la Province ? Ne pourroit-
on s'en procurer un état, finon réel, du-moins par approximation ?

La réponfe à cette queftion fe trouvera à l'article premier du
Commerce.

S

5°. Quelle est la situation actuelle de la Pépinière ? quelle dépense occasionne-t-elle ? quel profit en retire-t-on ? quel est celui qu'on peut en attendre ? remplit-elle enfin l'objet que l'administration s'étoit proposé lors de son établissement.

La Province fait un fonds annuel de 1000 liv. pour l'entretien de la pépinière. 410 liv. sont employées au loyer du terrain où elle est située ; 240 liv. au salaire du jardinier ; les 350 liv. restant sont attribuées au Directeur, qui, étant chargé des engrais & des entretiens particuliers, n'en retire qu'un émolument très-modéré. La pépinière fournira cette année 2400 arbres, il en restera pour la prochaine environ 3000 : le reste du terrain qu'on avoit résolu d'abandonner se trouve semé ; on y voit cependant une petite pépinière d'oliviers, qu'on avoit faite, par forme d'essai, au commencement du printems de l'année dernière, qui a très-bien réussi, & quelques jeunes plants de mûriers.

Le Bureau estime que la pépinière a foiblement rempli jusqu'à présent les vues de l'administration, & que la Province en a retiré peu d'avantage ; mais il y a lieu d'espérer que cet établissement, dirigé par des principes différens, pourra être à l'avenir d'une plus grande utilité.

Les mûriers sont jusqu'à présent les arbres qui y ont été le plus généralement élevés : mais, depuis quelques années on y cultive avec assez de succès les ormes à large feuille, les peupliers d'Italie, les platanes, les frênes, les noyers, &c.

Les arbres qu'on y voit sont généralement rabougris & languissans, c'est l'effet du terrain, qui est fatigué par 60 ans d'une production uniforme. Il faut se procurer un autre sol où les arbres puissent recevoir d'une terre nouvelle tous les sucs nécessaires à leur végétation ; peut-être cet établissement cesseroit-il, dans quelques années, d'être à charge à la Province, si l'on y cultivoit des arbres d'une utilité réelle, qu'on livreroit au cultivateur à un prix modéré, avec l'attention de donner gratuitement tous ceux qui seroient destinés à être plantés sur les bords des grandes routes.

6°. Les bois devenant tous les jours plus rares, quels seroient les arbres les plus analogues au sol de divers cantons de la Province ? ne conviendroit-il pas d'en encourager la plantation, & de chercher les moyens d'en prévenir la destruction ?

La rareté du bois eſt chaque année plus ſenſible en Rouſſillon. Le Bureau eſtime que l'Aſſemblée provinciale doit s'occuper des moyens d'en encourager la culture. Il n'a point acquis
encore les renſeignemens locaux qui pourroient diriger ſes principes dans une opération ſi délicate ; il oſe cependant aſſurer
que le ſol de la Province préſente des expoſitions où la plûpatr
des arbres , non-ſeulement indigènes , mais même exotiques ,
s'acclimateroient aiſément.

Quant aux moyens de prévenir la deſtruction des bois , la ſageſſe du Conſeil Souverain y a pourvu , à quelques égards ,
d'une manière préciſe. Mais , il ſeroit à déſirer qu'on en ſolli-
citât inſtamment une exécution plus vigoureuſe , ſur-tout dans
les campagnes , où l'inſouciance & la timidité des *Bailes* ne
daignent point y donner l'attention la plus indirecte.

7°. Ne pourroit-on pas conduire divers canaux d'arroſage ſur
des terroirs arides , qui deviendroient d'un bon rapport ? Les
dépenſes que cette entreprise néceſſite étant ſouvent au-deſſus
des forces des propriétaires , ne ſeroit-ce point correſpondre
aux vues du Gouvernement, de les aider par des ateliers de
charité ?

La poſſibilité & l'utilité de la première partie de cette queſtion ne ſauroit être miſe en doute. Quant à la ſeconde , le Bureau
croit qu'il eſt prudent d'attendre les demandes des tenanciers. Il
ſera alors de la ſageſſe de l'Aſſemblée de voir s'il eſt convenable
d'accorder des ſecours à ces entrepriſes. L'emploi des fonds de
charité , à cette deſtination , ſera auſſi avantageux à la Province , que conforme aux vues du Gouvernement.

Le ſeul objet de cette nature qui puiſſe dans ce moment occuper l'Aſſemblée , eſt le projet conçu par le Sr. Baſſet, cadet ,
de Villefranche , pour arroſer le terroir des Maſos & autres ,
circonvoiſins , au moyen d'un canal qui prendroit naiſſance à la
rivière de la Tet , près de Villefranche , & traverſeroit la petite
plaine de *Colomari* , qui s'arroſeroit par le même moyen.

Les propriétaires des Maors s'étant engagés de payer à cet
Entrepreneur une ſomme de 115 liv. par journal de terre qu'il
rendroit arroſable , le Sr. Baſſet a obtenu un Arrêt du Conſeil,
en date du 10 Août 1784 , qui l'autoriſe à creuſer ledit canal,

& à prendre l'eau néceſſaire à la rivière de la Tet, auprès de Villefranche (*).

(*) Il a été tenu en conféquence, le 25 Juin dernier, une Délibération obligatoire entre parties.

Les intéreſſés à cette entreprife fe flattoient d'en voir bientôt l'exécution, au moyen du profit qui en devoit revenir à celui qui en avoit le privilége ; mais voyant qu'il n'a point fait la moindre difpoſition pour l'exécution de fon projet, ils penfent qu'il feroit plus avantageux pour eux d'être fubrogés à un Entrepreneur auſſi indolent.

Si les propriétaires des Mafos follicitoient cette grâce de Sa Majefté par l'entremife de l'Affemblée provinciale, le Bureau penfe qu'elle devroit concourir à un objet de bien public auſſi intéreſſant. En effet, l'ouverture de ce canal feroit le plus grand bien à ce canton ; mille journaux de terre aujourd'hui prefque en friche, deviendroient par ce moyen fufceptibles d'un plus grand rapport ; les journaliers du Conflent feroient occupés à cette entreprife pendant la morte faifon, & la Province y gagneroit un furcroît de productions & de numéraire.

Le Bureau a reçu, fur le même objet, un Mémoire du Sr. Bon. de Noell, dans lequel il expofe les dommages qu'une partie de la Province éprouve par le fait du dernier Règlement rendu par MM. les Confuls de Perpignan, au fujet du ruiſſeau de cette ville ; Règlement qui, au dire de l'expofant, prive pluſieurs propriétaires, de l'eau fi néceſſaire à l'agriculture dans un fol aride & brûlant.

Le Bureau eftime à ce fujet, que MM. les Confuls étant nantis de la juridiction dans cette partie, qu'un comité particulier ayant été chargé de propofer les modifications convenables à leur dernière ordonnance, & que le Gouvernement n'ayant point autorifé l'Affemblée à prendre connoiſſance de cet objet, elle n'eft point dans le cas de s'en occuper.

On fe bornera donc à faire des vœux pour que l'intérêt de la ville puiſſe fe concilier avec celui de l'agriculture, qui mérite la plus grande confidération.

Commerce.

1°. Quel eft l'état actuel du commerce en Rouſſillon ? Quelles font fes différentes branches & fes débouchés ?

Il feroit difficile au Bureau de répondre d'une manière bien fatisfaifante à des queftions dont la folution exigeroit des recherches particulières, & des détails auxquels il ne peut se livrer dans un temps aussi borné ; mais il croit pouvoir assurer que la plus grande partie du commerce de la Province se fait par commission, ce qui n'annonce pas une grande étendue , & n'offre point l'espoir de le vivifier.

Le Roussillon n'exporte qu'une petite quantité de grains ; son principal commerce est en vins , laines , soie , huiles & fers. Les terres voisines de la mer fournissent environ 4000 quintaux de sel de soude.

Le débouché ordinaire des vins est la plage de St. Laurent, celle de Canet & le Port-Vendres. Il est malheureux qu'ils ne parviennent pas directement à leur destination sans toucher au port de Cette ; leur mélange avec les vins du Languedoc, en détériore la qualité , & empêche de juger leur mérite naturel. L'Assemblée devroit s'occuper des moyens de remédier à cet inconvénient. Ne seroit-il point possible de faire une souscription pour fréter différens bâtimens qu'on enverroit directement en Angleterre , dans le Nord ou en Amérique ? Ce moyen nous paroîtroit propre à remédier à la connivence que l'on soupçonne avec quelque fondement parmi les acheteurs , & à laquelle on attribue en partie le bas prix des vins depuis quelques années. L'exportation qu'on en fait , quoique très-considérable , est susceptible d'augmentation.

Une des causes qui nuisent à la vente des vins du Roussillon , est la facilité d'introduire en France les vins d'Espagne. On sait qu'étant plus foncés en couleur, & naturellement plus mielleux, ils sont recherchés à Cette , pour colorer & donner une saveur agréable aux vins du Languedoc. A peine six charges, qui font un muid mesure de Paris, payent-elles 6 liv. de droit d'entrée, tandis que la même quantité , exportée de France en Espagne, paye 42 liv. Le Bureau estime que l'Assemblée devroit faire à cet égard des représentations au Gouvernement, en s'en rapportant à sa sagesse , sur un objet aussi intéressant au commerce de la Province & du Royaume.

La plus grande partie de nos laines est employée dans les fabriques du Languedoc : on en exporte aussi pour celles de Normandie ; le reste est consumé par les petites fabriques de la

Province. Le Rouffillon en vend , année commune , huit à dix mille quintaux.

Les foies qui ne font pas employées dans les petites fabriques de bas & de mouchoirs , qui exiftent à Perpignan , paffent à Nifmes ou à Lyon. L'exportation en eft évaluée à 20 quintaux.

Les huiles , pour la plûpart , fuivent la route d'Eftagel. Elles font deftinées au fervice des manufactures du Languedoc. On en vend , année commune , 10 mille dours. Dans les années d'abondance on en exporte pour Marfeille & Bordeaux. Celle qui a la première deftination eft embarquée au Port-Vendres ou à la Plage : celle qui eft pour la feconde eft portée fur les charrettes du pays , au Sommail , où elle fuit le canal jufqu'à Touloufe , &c.

Les fers vont partie en Efpagne , partie à Marfeille. Il en fort de la Province environ 10 mille quintaux. Le fel de foude va tout à Marfeille.

2°· Ne devroit-on pas s'occuper du foin de bonifier nos laines? Quels feroient les moyens les plus fimples d'y procéder fans s'écarter de l'économie , dont la foibleffe de nos reffources nous fait une loi impérieufe ?

Un particulier de cette Province , plein de zèle pour le bien public , a donné la folution de cette queftion dans un Mémoire dont il fera fait lecture. Il propofe des moyens pour bonifier les laines du Rouffillon. Nous ne nous attacherons pour le moment , qu'à la première partie de fon Mémoire : elle nous paroît la plus conforme aux reffources que la Province peut attendre , non de fes fonds , ils font dans un épuifement abfolu , mais de la bienfaifance d'un gouvernement éclairé. Nous allons mettre fous vos yeux le précis de fon projet.

M. de la Houliere , Brigadier des armées du Roi , Commandant à Salces.

DEUX cents beliers que le Miniftère pourroit procurer au Rouffillon , fur les plus belles races d'Afrique & d'Efpagne , feroient répartis parmi les principaux propriétaires des troupeaux de la Province. La feule condition que l'on mettroit à ce don, feroit que chacun rendît , au bout de deux ans , autant d'agneaux mâles qu'il auroit reçu de beliers. L'Affemblée en feroit un nouveau partage dans la Province. Par cette heureufe circulation , cette nouvelle race , perfectionnée dans le climat le plus ana-

[143]

logue du Royaume à celui de fon origine , ferviroit à fon tour à améliorer les races des Provinces voifines, ce qui feroit de la plus grande importance pour les fabriques de France.

M. d'Aubenton a reconnu que les laines provenant des beliers du Rouffillon & des brebis de Bourgogne , atteignoient un degré de fineffe qui pourroit mettre les manufactures de France à même de fe paffer des laines étrangères. Cette heureufe révolution pour notre commerce fera bien plus affurée quand nos laines , & particulièrement celles du Rouffillon , auront acquis le degré de perfection dont elles font fufceptibles.

Il eft de l'intérêt du Gouvernement de donner les fecours néceffaires pour l'accompliffement d'un projet auffi important. Le Bureau eftime en conféquence, que la Commiffion intermédiaire doit être autorifée à folliciter de l'Adminiftrateur éclairé qui dirige cette partie, les fonds néceffaires pour l'achat de 200 beliers africains ou caftillans. Ce bienfait intéreffe moins le Rouffillon que la généralité du Royaume , qui peut efpérer avec fondement une utilité réelle de l'accompliffement de ce projet.

L'Efpagne , recevant de nos Provinces la plus grande partie des beftiaux néceffaires à fes boucheries, ne pourroit fe refufer à une demande fondée fur une juftice de réciprocité.

3°. Comment le commerce de la draperie , autrefois fi floriffant, n'exifte-t-il plus aujourd'hui? Quelles caufes morales ou phyfiques, en ont détruit jufqu'au fouvenir? Y auroit-il quelque efpoir de le faire renaître par des encouragemens? N'eft-il pas à craindre qu'on attribue à l'indolence ou à l'infouciance des habitans, notre indifférence à cet égard?

Toutes fortes de titres & de monumens atteftent que le commerce de la draperie a été autrefois très-floriffant en Rouffillon. Les privilèges des fabricans, nommés vulgairement Pareurs , *Paratores* , étoient très-étendus ; il ne refte plus qu'un foible fouvenir de leur exiftence, & des relations de la Province avec le Levant.

Archiv. de l'Hôtel-de-Ville de Perpignan, depuis l'an 1249 , jufqu'en 1617.

Parmi les caufes morales qui paroiffent avoir occafionné la chûte de ce commerce, on doit compter d'abord la réunion des couronnes d'Aragon & de Caftille. L'attention fuivie que les Rois d'Aragon, dont la domination étoit limitée , donnoit aux feuls pays commerçans qui fuffent fous leur puiffance, encourageoient les Rouffillonnois, unis aux Catalans, à fe livrer à des fpéculations que leur gouvernement favorifoit ; une marine puiffante & active y trouvoit un aliment continuel.

Souverains d'états plus étendus & de ports plus confidérables, Ferdinand & fes fucceffeurs négligèrent bientôt une Province éloignée: leur attention, divifée par de nouvelles découvertes, ceffa de fe porter fur un commerce qui leur parut moins lucratif. Livré à fes propres forces, il perdit bientôt fon premier éclat. Enfin, la réunion du Rouffillon à la France, en privant le commerce de cette Province, des capitaux qui reftèrent attachés à celui de la Catalogne, des correfpondances que leurs négocians avoient formées dans différens entrepôts, la crainte d'un nouveau gouvernement qu'on n'avoit pas encore appris à chérir, & la privation totale de fa marine, qui fe réfugia dans les ports d'Efpagne, toutes ces caufes réunies lui portèrent le coup le plus funefte ; la concurrence des manufactures du Languedoc, & la rivalité de Marfeille, achevèrent de l'anéantir.

Depuis cette époque, les fabricans du pays, qui font en très-petit nombre, ne fe font occupés que d'ouvrer des draps groffiers, dont le peuple s'habille, & qui ont prefque tout leur débit dans les foires de la Province.

La création de l'Affemblée provinciale femble ranimer l'ancienne induftrie des Rouffillonnois. En effet, c'eft à ce moment, que le Sr. Hortet, de Prades, a mis fous vos yeux Meffieurs, des draps fupérieurs en qualité, à tout ce qu'avoient produit jufqu'à préfent les fabriques de cette Province. Ce nouvel établiffement, encore informe, demande des encouragemens : fon auteur les follicite dans un Mémoire dont vous avez pris lecture, & que vous avez renvoyé à ce Bureau. Nous eftimons que la foibleffe de vos moyens vous mettant dans l'impoffibilité, pour le moment, d'accorder à l'Expofant des fecours efficaces, l'Affemblée ne peut d'abord lui refufer fa protection ; qu'elle doit de plus ordonner, qu'il lui foit fait, pendant 10 ans, remife de la taxe relative à fon induftrie, laquelle fera renvoyée aux non-valeurs.

D'autre part, le Sr. Clément, de Marfeille, propofe d'établir, dans la même ville de Prades, une manufacture de bonnets pour le Levant. Le peuple & les enfans de ce canton trouveroient

---

[145]

roient dans cet atelier des reſſources pour le travail. Il offre de l'occupation aux mendians de tout ſexe ; ce qui, les rendant utiles, diminueroit la charge dont ils ſont pour le dépôt.

L'Expoſant ſe flatte que la fineſſe des laines du pays, que les ſoins qu'il apportera à leur préparation, mettront ce nouvel établiſſement à même de rivaliſer avec les manufactures les plus célèbres du Royaume, même avec les fabriques de Thunis. Mais il eſt arrêté dans ſon entrepriſe, par la crainte que les ouvriers qu'il aura dégroſſis & formés dans un pays où cette induſtrie eſt inconnue, ne le quittent au moment où l'utilité qu'il en retireroit pourroit le dédommager de ſes avances. Il craint que, ſéduits par l'appas du gain, que la rivalité ne manquera pas de leur préſenter, ils ne portent leurs talens à de nouveaux ateliers.

La demande qu'il fait en conſéquence, d'être protégé par l'Aſſemblée, pour obtenir du Gouvernement un privilége excluſif pour ſix ou huit ans, &, s'il étoit poſſible, la prime de 12 ſous par douzaine de bonnets, ne nous paroît pas déplacée. Ce double ſecours aſſureroit à ce canton de la Province, qui a peu de reſſources, & qui n'en a aucune de cette eſpèce, la ſtabilité d'un établiſſement qui doit y attirer beaucoup de numéraire.

D'après ces conſidérations, le Bureau eſtime que l'Aſſemblée provinciale ou ſa Commiſſion intermédiaire, & Mgr. le Préſident, doivent réunir leurs ſollicitations auprès du miniſtère, pour le ſuccès de ces demandes, qui préſentent les plus grands avantages.

4°. Quel eſt le commerce d'importation en Rouſſillon ? A quels droits eſt-il aſſujetti ? Parmi les objets qu'il demande à l'Etranger, n'y en auroit-il pas quelques-uns qu'il pourroit tirer de ſon fonds ou de ſon induſtrie ?

Le Bureau n'a pu ſe procurer encore le détail des droits impoſés ſur les objets que le Rouſſillon fait venir de l'Etranger. On ſait ſeulement que le commerce d'importation comprend généralement la draperie, les toiles, les ſoieries, le ſavon, le verre, la fayence, le papier, la droguerie, l'épicerie, la morue & quelques autres articles venant du Levant & de l'Amérique.

T

La Province reçoit, par la route du Languedoc, la plus grande partie des bestiaux nécessaires à la fourniture de ses boucheries, & un nombre considérable de cochons. La même route lui amène les bœufs, les chevaux & presque toutes les mules nécessaires à l'exploitation de ses terres.

Les bois de charpente de toute espèce descendent par ses rivières, & principalement par celle de l'Agly. Elle tire de l'Espagne ou de Marseille, l'espart, le coton, le safran & l'ail, objets qui pourroient être cultivés avec succès sur les différentes parties de son sol, ainsi que le tabac, si le Gouvernement lui en accordoit la permission.

Depuis la suppression du bureau de Fitou, les objets que le Roussillon reçoit directement des Provinces du Royaume, sont exempts de tous droits, mais ceux qu'il tire de l'étranger ont renchéri, depuis que la Province a été assujettie à la douane de Lyon. Le Roussillon a-t-il gagné, a-t-il perdu à cet arrangement ? Les deux opinions contraires ont des partisans, & le Bureau n'a point de notions assez claires pour résoudre cette question.

Bien public.

1°. La meunerie est encore en Roussillon dans l'enfance ; ne conviendroit-il pas de la perfectionner & d'adopter les moyens dont l'expérience a consacré l'utilité ? Les moulins-à-vent y sont bien rares ; quelle en seroit la cause ?

On convient de la vérité de cet article ; & d'après l'expérience de plusieurs Provinces, on ne sauroit trop engager les propriétaires des moulins, à les perfectionner suivant les nouvelles vues. Le profit qui leur en reviendroit les dédommageroit bientôt de leurs avances ; il seroit seulement à craindre qu'on ne trouvât pas en Roussillon des ouvriers assez expérimentés pour l'exécution.

Quant à la rareté des moulins-à-vent, on croit qu'elle vient de la cherté des bois & des toiles ; des vents impétueux qui, soufflant fréquemment dans cette Province, réduiroient souvent ces moulins à l'inaction ; peut-être encore de la multitude des moulins à eau, dont la farine passe en général pour être meilleure. Il est cependant quelques cantons qui, dans l'éloignement où ils se trouvent des rivières & ruisseaux, pourroient tirer quelqu'utilité d'un pareil établissement, si la dépense en étoit compenfée par le produit , ce qui paroît douteux au Bureau.

2°. La Commiffion intermédiaire de diftrict , pourroit fe procurer un état des mendians de chaque Communauté ; peut-être l'Affemblée trouveroit des moyens de leur procurer du travail & des fecours fans les déplacer.

Le Bureau eftime , qu'il eft utile , pour l'Affemblée , d'avoir un état des mendians de chaque diftrict ; il efpère que l'éta-bliffement des nouvelles fabriques de Prades , donnera du tra-vail à ceux de la Cerdagne & du Conflent ; il défireroit avoir une pareille reffource pour ceux du Vallefpir. Le dépôt établi à Perpignan ne feroit alors chargé que des mendians du Rouffillon , ce qui rendroit leur entretien moins coûteux à la province & au Gouvernement.

3°. Ne croyez-vous pas , Meffieurs , que la fortie énorme des bêtes à laine qui paffent en Efpagne , eft la caufe de la rareté de la viande & de fon renchériffement exceffif ? D'après cette fuppofition , vous croirez peut-être convenable de folliciter du Gouvernement la défenfe de ce commerce ; mais nous ne pou-vons vous diffimuler que cette prohibition nuiroit à l'intérêt de plufieurs provinces du royaume.

La liberté dans le commerce étant l'ame de toute induftrie , le Bureau eftime que toute prohibition ne peut qu'être nuifible ; que celle-ci ne fauroit fe concilier avec l'intérêt général du royaume , & que la province , en la follicitant , perdroit , pour un avantage de peu de conféquence , un avantage bien plus im-portant , la vente de fes propres beftiaux , & l'argent que laiffe le paffage des beftiaux étrangers.

4°. Quels font les différens établiffemens à la charge de la province ? quel eft leur objet ? le rempliffent-ils ? Quels font les fonds affectés à leur entretien ? N'en connoîtriez-vous pas qui fuffent fufceptibles d'amélioration ?

Les principaux établiffemens à la charge de la province , font les étalons , l'école d'équitation & le dépôt de mendicité ; la dépenfe des deux premiers objets s'élève à la fomme de 10,224 l. Comme elle eft prife fur l'impofition ordinaire , on attendra le rapport qui en fera fait par le Bureau de l'Impôt , & l'on ne fe permettra aucune réflexion fur cet objet. Quant au dépôt de mendicité, le Bureau eſtime qu'une grande partie des fonds deſtinés à ſon entretien, étant levée ſur la province, la Commiſſion intermédiaire doit être autoriſée à ſolliciter le Gouvernement pour en obtenir l'adminiſtration, qui lui paroît devoir être ſéparée de la police, qui appartient de droit à M. l'Intendant, & que l'Aſſemblée verra toujours avec plaiſir entre ſes mains.

Le précis que nous venons de préſenter, laiſſe beaucoup à déſirer ſans doute; mais vos lumières, & les connoiſſances que le temps amenera, ſuppléeront à ſon inſuffiſance.

Vous autoriſerez votre Commiſſion intermédiaire, ce Corps actif, qui vous repréſentera pendant votre ſéparation, à ſe procurer, ſur tous ces objets, tous les détails, tous les renſeignemens qui pourroient échapper à votre ſagacité. Tous les Membres de l'Aſſemblée, tous les citoyens de la province, ſont invités par le Bureau à lui adreſſer toutes les recherches relatives au travail dont il s'occupe. C'eſt de cette réunion de lumières, que doit naître un jour la félicité de la province, récompenſe la plus douce qu'il nous ſoit permis d'eſpérer.

La brieveté du temps n'ayant pas permis de diſcuter la matière, l'Aſſemblée a arrêté de renvoyer la delibération ſur chaque article du ſuſdit rapport, à la ſéance prochaine.

Fait & arrêté à Perpignan, les jour & an que deſſus. *Signés*, LE Mⁱˢ. D'OMS. T. RAMON, Secr. Greffier.

DIX-HUITIEME SÉANCE.

Du 15 Janvier 1788.

LEDIT jour 15 Janvier 1788, à dix heures du matin, l'Aſſemblée réunie dans le lieu ordinaire, M. le Marquis d'Oms, toujours Préſident, a propoſé de délibérer ſur chaque point du rapport lu dans la ſéance d'hier par MM. du Bureau de l'Agriculture, Commerce & Bien public.

Sur l'article 1er. Agriculture, il a été décidé que l'utilité des plantations dans les montagnes étant généralement reconnue, la Commission provinciale intermédiaire & les Bureaux respectifs de district, feront chargés de prendre des renseignemens fur les moyens de les faire avec fruit, en ayant égard aux localités ; de se procurer les règlemens qui ont été rendus pour leur conservation, & de mettre le tout fous les yeux de l'Assemblée provinciale prochaine, qui statuera fur cet objet ce qu'elle jugera convenable.

La Commission intermédiaire a été autorisée à suivre l'exécution des ordonnances rendues fur les rivières de la Tet, du Tech, de l'Agly & autres, relativement aux plantations prescrites pour la défense de leurs bords, en mettant néanmoins dans ses opérations, tous les ménagemens dus à des propriétaires assujettis à des dépenses considérables, mais fans s'écarter du principe de justice qui exige qu'il n'y ait point de vuide dans les plantations.

Sur l'article 3, il a été résolu qu'il ne fera rien innové pour l'année courante, fur la taxe des olivets, & que cependant la Commission fera autorisée à se procurer les éclaircissemens convenables, pour solliciter de Sa Majesté l'abolition d'un droit onéreux, qui nuit à cette partie d'Agriculture, ou du moins un abonnement modéré, qui faciliteroit à l'Assemblée le moyen de distribuer cet impôt avec plus d'égalité.

Sur l'article 5, il a été arrêté que la pépinière fera conservée; que la Commission intermédiaire choisira, fi elle le juge convenable, un nouveau terrain, où on élevera plus particulièrement des oliviers, des mûriers, des frènes, des platanes, des ormes & autres arbres d'une utilité reconnue, & analogues au fol de la province ; que ladite Commission veillera à la conservation de ceux qui existent, & les distribuera aux particuliers en les assujettissant à en indiquer l'emploi, pour donner la préférence à ceux qui voudront les planter fur les bords des grandes routes.

Sur l'article 6, la Commission intermédiaire a été autorisée à solliciter plus particulièrement l'exécution des règlemens rendus par le Conseil Souverain, pour la conservation des bois, & à présenter même les moyens qu'elle trouvera convenables pour y parvenir plus sûrement.

Sur l'article 7, la Commission intermédiaire pourra favoriser

les Communautés qui folliciteront de nouveaux canaux d'arrofage, après avoir pris préalablement l'avis des Bureaux intermédiaires refpectifs, & s'être affurée de l'utilité réelle des projets & des moyens pris afin de pourvoir à l'indemnité des particuliers qui fouffriroient quelque préjudice de leur exécution ;
& quant à la feconde partie du préfent article, relatif au ruiffeau de Perpignan, l'Affemblée s'en rapporte abfolument au
dire du Bureau.

Sur l'article 1er, Commerce, la Commiffion intermédiaire
a été invitée à prendre les renfeignemens les plus précis fur la
réalité des droits impofés en France & en Efpagne, fur l'importation refpective de leurs vins, fur les inconvéniens ou les avantages qui pourroient réfulter du fuccès de la demande propofée
par le Bureau, réfervant la décifion d'une queftion auffi délicate à l'Affemblée provinciale prochaine.

Sur l'article 2, il a été délibéré que la Commiffion intermédiaire fera à M. de la Houliere les remercîmens de l'Affemblée ; qu'elle s'occupera plus particulièrement des objets contenus dans fon mémoire, & qu'elle pourra adreffer à l'adminiftration les repréfentations convenables, pour en obtenir un fecours, qui, en donnant au Rouffillon les moyens de perfectionner fes laines, étendra cet avantage au refte du royaume.

Sur l'article 3, il a été réfolu d'accorder au fieur Hortet la
protection de l'Affemblée, &, pendant dix ans, la remife de
la taxe relative à fon induftrie feulement, fauf à lui accorder
à l'avenir, d'après une nouvelle connoiffance du nombre de fes
métiers, de la quantité de fes draps & de leur débit, dont il
fournira le détail à la Commiffion, tels encouragemens que
l'Affemblée jugera convenables, d'après les moyens dont elle
aura la difpofition.

Et quant au fieur Clément, de Marfeille, la Commiffion intermédiaire a été chargée de fupplier Sa Majefté d'accorder à
ce fabricant un privilége exclufif pendant fix ans, pour établir
à Prades une manufacture de bonnets pour le Levant, & la prime
de 12 f. par douzaine de bonnets qu'il juftifiera avoir expédiés
pour cette partie, fans cependant que cette exclufion puiffe nuire
aux fabriques de bonnets de laine, façon de Catalogne, établies

dans cette province. Il a été de plus arrêté que Mgr. l'Evêque & M. le Commiffaire du Roi, feront priés d'appuyer de leur crédit, auprès du Gouvernement, une demande dont le fuccès peut devenir utile au dépôt de mendicité, & intéreffe particulièrement un des cantons de la Province qui a le moins de reffources.

Sur l'article 4, l'Affemblée approuvant le dire du Bureau relativement à la police du dépôt de mendicité, & confidérant que la lettre de M. le Contrôleur-général, du 27 Novembre 1787, n'exclud point la diftinction qu'il eft permis de faire entre la police de cet établiffement & l'adminiftration des fonds confacrés à fon entretien, a autorifé la Commiffion intermédiaire à faire à ce fujet de nouvelles repréfentations au Gouvernement, pour obtenir l'adminiftration des fonds.

Ces délibérations prifes, MM. les Procureurs-Syndics ont fait à l'Affemblée le rapport fuivant.

Nous avons cru, Meffieurs, devoir vous faire part du projet tenté plufieurs fois, & que le Miniftère femble ne pas perdre de vue, d'établir, fur toutes les grandes routes, l'ufage uniforme des roues à larges jantes, de fix pouces à la femelle, pour les voitures à deux roues, attelées de plus de deux chevaux, & pour celles à quatre roues attelées de plus de quatre.

M. de la Miliere, chargé du département des ponts & chauffées, a écrit à ce fujet le 27 Octobre 1787, à M. Gaillon, Ingénieur en chef de cette province, pour confulter vos Procureurs-Syndics, & favoir s'ils feroient difpofés à adopter un règlement général qui prefcriroit l'ufage de ces roues, " en " exceptant néanmoins les voitures employées à la culture & " exploitation des terres, & en laiffant au-furplus un temps " fuffifant entre la promulgation & l'exécution de la loi, pour " ufer les roues ordinaires, & même confommer les jantes " débitées par les charrons ".

La lettre de M. de la Miliere eft accompagnée d'une copie de plufieurs certificats de divers voituriers, rouliers, Commiffionnaires, entrepreneurs de convois militaires, & même de fermiers, qui vantent les avantages de ces fortes de roues : elles durent, difent-ils, un tiers de plus au-moins ; ce qui fait compenfation avec le prix qui augmente à-peu-près dans la même proportion ; les réparations en font moins fréquentes & moins difpendieufes ; avec le même nombre de chevaux, on tranfporte, avec moins de peine, plus d'un tiers de poids de plus qu'avec les roues ordinaires ; le roulage en eft plus facile ; le tranfport des chofes éprouve moins de déchet, les vins moins de coulage, &, ce qui eft encore bien précieux, le cheval de limon eft moins fatigué, parce qu'il a moins de cahots & de faccades à endurer.

A ces expériences fe joint celle des fermiers des meffageries royales, qui reconnoiffent chaque jour l'avantage qu'il y a de fe fervir de ces fortes de roues ; bientôt ils n'en employeront plus d'autres, tant dans les fables, comme fur la route de Limoges, que dans les pays gras, comme fur les routes de Caën & de Calais.

Nous n'avons pas préfumé, Meffieurs, pouvoir donner notre avis fur une queftion auffi importante, fans vous avoir confultés, & nous avons remis notre réponfe après l'époque, où l'Affemblée provinciale complète étant réunie, nous pourrons préfenter au Gouvernement, non pas une opinion particulière, mais le vœu d'un Corps qui repréfente la province entière, & qui connoît fes intérêts. Vous nous permettrez cependant de vous offrir quelques obfervations.

Il réfulte des certificats, dont nous vous avons fait l'analyfe, que l'ufage des roues à larges jantes expofe à une dépenfe plus forte au moment de leur établiffement, mais qu'on en eft dédommagé par leur durée, & par divers autres bénéfices qui femblent devoir leur affurer la préférence.

De-plus, il eft démontré que les roues à larges jantes, au-lieu d'entailler les chemins par de profondes ornières, les taffent, les confolident, en donnant aux diverfes fortes des terrains plus de fermeté & de compacité : alors les fardeaux les plus lourds ne font plus à redouter, & il n'eft point de précaution à prendre pour régler la charge des voitures ; alors les entretiens feront moins difpendieux, & la même contribution pourra fournir à des conftructions plus étendues. L'Angleterre a fenti, long-temps avant nous, l'avantage de cet établiffement, & tout le monde fait que l'ufage de ces roues y eft déjà fort ancien.

Si

Si l'Assemblée, frappée de ces motifs, consentoit à l'établissement des roues à larges jantes, il suffiroit de donner un temps plus ou moins limité, pour consommer les roues existantes & leurs ferrures. Nous pouvons assurer que les approvisionnemens de tous les charrons de la Province sont trop peu considérables, pour faire renvoyer bien loin l'exécution d'une loi dont l'utilité seroit reconnue.

Mais, nous ne pouvons nous dissimuler, Messieurs, qu'elle présente des difficultés, & nous les traiterons avec l'impartialité que nous avons mise à en décrire les avantages.

D'abord, toute innovation forcée est suspecte & révoltante : celle-ci ne manquera pas d'alarmer les intérêts particuliers, toujours plus frappés des inconvéniens présents, que des résultats avantageux pour l'avenir. On ne compte pas assez sur l'expérience d'autrui, & on aura de la peine à se persuader que des roues dont le frottement est plus considérable que celui des roues ordinaires, facilitent le transport : on pourra même avancer, que si des roues de cette épaisseur venoient à s'enfoncer dans la boue, il seroit infiniment plus pénible de les en arracher & de les remettre sur la voie.

De-plus, le Roussillon n'a point de rouliers. Les approvisionnemens d'un bout de la Province à l'autre, les transports des denrées, soit des campagnes dans la ville, soit à nos différentes plages & au Port-Vendres, les charrois des matériaux de toute espèce, au pied des ouvrages d'art, sur les grands chemins, au pied de nos édifices, dans les villes ; tout cela se fait par les mêmes voitures qu'on emploie à la culture & à l'exploitation des terres que le Gouvernement se propose d'excepter. Il faudra donc que le propriétaire régisseur, que le fermier, qui, dans les mortes saisons, voudroient mettre à profit, comme ils le pratiquent aujourd'hui, le travail de leurs chevaux, ayent deux espèces de roues, les unes à jantes étroites, les seules qui conviennent à nos chemins de traverse actuels, sur-tout dans les pays gras ; les autres à jantes larges, pour les grandes routes. N'est-il pas à craindre que cette gêne ne diminue le nombre des voitures, & ne rallentisse la circulation du commerce ? N'est-il pas à craindre encore, qu'une ordonnance très-sage en elle-même, & qui est à désirer pour la conservation des chemins,

V

ne devienne infidieufe à quelques égards ? Les voitures qui fervent à l'exploitation des terres, fe trouvent fouvent dans le cas
de parcourir des portions de grandes routes chargées de bois,
d'arbres, de poutres qu'on aura tirées des champs qui les bor-
dent ; & felon l'extenfion ou la précifion qu'on donneroit à la
loi, on feroit peut-être forcé de regretter qu'elle ne fût pas
générale.

Ainfi, Meffieùrs, des inconvéniens balancent les avantages
du règlement qu'on vous propofe, c'eft à votre fageffe à en faire
la comparaifon & à dicter notre réponfe. Nous fouhaiterions
que vous puiffiez trouver le moyen de concilier les intérêts du
particulier avec les vues bienfaifantes du Gouvernement, qui,
en s'occupant de la confervation des grandes routes, n'a d'autre objet que d'épargner le peuple, qui en porte feul le fardeau.

La matière mife en délibération, il a été arrêté, que la Province n'ayant point de rouliers, n'employant à fes tranfports que
les voitures deftinées au fervice de l'agriculture, manquant de
bois propres à cette nouvelle efpèce de roues, elle ne peut adopter légèrement un règlement dont le temps & l'exemple des
Provinces voifines lui feront peut-être un jour mieux connoître
l'utilité. Elle autorife en conféquence fa Commiffion intermédiaire à prendre des renfeignemens plus étendus fur cet objet,
pour en faire fon rapport à l'Affemblée prochaine, qui fe décidera, d'après l'expofé des faits qui lui feront préfentés ; & en
même-temps elle a chargé MM. les Procureurs-Syndics de prier
M. de la Millière, de fufpendre pour le Rouffillon, au-moins
jufqu'après cette époque, la publication d'un règlement dont elle
craint les réfultats.

Fait & arrêté à Perpignan, les jour & an que deffus. *Signés*,
M¹ˢ. d'OMS. T. RAMON, Secr. Greffier.

DIX-NEUVIEME SÉANCE.

Du 16 Janvier 1788.

LEDIT jour 16 Janvier 1788, à dix heures du matin, l'Affemblée réunie dans le lieu ordinaire, & préfidée par M. le
Marquis d'Oms, en l'abfence de Mgr. l'Evêque & de M. le Marquis d'Aguilar, Meffieurs du Bureau de l'Impôt ont fait une
feconde lecture du projet de règlement fur les garnifaires &
perception des impofitions ; auquel règlement avoient été faits
les changemens & corrections indiqués par l'Affemblée.

*OBSERVATIONS de Meffieurs du Bureau de l'Impôt,
& projet de règlement pour établir une nouvelle forme dans
la perception des deniers.*

LA perception des impôts affis pour le compte du Roi, de
la Province & des Communautés particulières, ne doit éprouver
aucun retard, mais il eft néceffaire, pour le bien des peuples,
que ce recouvrement fe faffe fans vexation.

Pour y parvenir, il convient de choifir les époques où les
befoins des peuples font moins urgens. Dans d'autres momens
les pourfuites feroient d'autant plus onéreufes, qu'elles feroient
faites fans fruit.

Ces époques ne peuvent pas être les mêmes dans toute la
Province. La moiffon n'a lieu fur les montagnes qu'environ trois
mois après qu'elle a été faite dans la plaine. Cette différence doit
néceffairement amener plus ou moins de retard dans l'ordre
des payemens.

Mais, quelles que foient ces époques, la perception des impôts doit avoir une marche uniforme ; c'eft l'unique moyen
d'éclairer la conduite des Collecteurs, & de furveiller leur
comptabilité.

Les lois à établir relativement à la comptabilité des Collec-

teurs, ne font pas, Meſſieurs, du reſſort de notre Bureau : nous
nous ſommes bornés à approfondir l'uſage des garniſaires employés contre les contribuables en retard, à en découvrir tous
les abus, & à prévoir les moyens d'y remédier.

L'expérience nous a convaincus, Meſſieurs, que l'uſage des
garniſaires, loin d'être pour les contribuables un moyen de
libération, eſt, pour le bas peuple, une ſurcharge & un accroiſſement d'impuiſſance & de miſère. Cette partie d'adminiſtration nous a paru demander une réforme : elle offre les plus
grands inconvéniens, ſans apporter plus d'exactitude dans le
recouvrement. Nous avons, en conſéquence, arrêté d'y faire les
changemens que nous vous propoſerons par articles.

M. Raymond de St.-Sauveur, Intendant de la Province, avoit
déjà ſenti combien l'établiſſement des garniſaires étoit vexatoire
pour les peuples ; auſſi par ſon Ordonnance du 21 Janvier 1784,
avoit-il diſpoſé, article V, que la journée de chaque garniſaire,
ou *contrainte*, ſeroit fixée à 16 ſous. Il avoit déjà ordonné,
article II, que les Collecteurs ſeroient tenus de diviſer une
même garniſon ſur quatre particuliers à la fois, & de ne les y
aſſujettir que pour trois jours au-plus, ſauf à la placer ſucceſſivement ſur d'autres redevables.

Cette Ordonnance corrige & prévient bien des abus, mais
elle n'en tarit pas la ſource. Un artiſan, un journalier qui ne poſ-
ſède que ſa maiſon d'habitation, ne paye ordinairement pour
ſa capitation, 4 ſous pour livre & acceſſoires d'icelle, qu'environ 40 ſous. Suppoſons ce journalier en retard pour l'acquit de
cette impoſition, & que le Collecteur loge un garniſaire chez
lui, dans trois jours les frais de garniſon augmenteront la taxe
de ce malheureux, de trois dixièmes ; & comme le Collecteur
prélève toujours avant l'impoſition les journées de garniſon, dont
il eſt perſonnellement reſponſable, le journalier aura payé 12 f.
tandis qu'il devra ſa capitation en entier.

Ce premier moyen devenu inutile, le Collecteur devra encore
recourir à la voie du commandement, de la ſaiſie & de la vente,
comme on l'a vu pratiquer juſqu'ici, & aggraver ainſi le joug
du pauvre, par un ſurcroît de frais & d'inquiétudes.

Il ſemble, Meſſieurs, qu'on pourroit prévenir ces inconvéniens, en diviſant les impoſitions comme nous avons dit, & en

fixant les divers payemens aux époques où les travaux ouverts , & la récolte des fruits , mettent les contribuables plus à portée de se libérer. Ils se trouvent alors dans un état d'aisance qui les invite à payer les quotités dont ils sont redevables. Il ne faudroit tout-au-plus qu'un simple avis du Collecteur. Si , malgré ce moyen , la voie de rigueur étoit encore nécessaire , le redevable en re-tard , & le Collecteur indolent ne sauroient être fondés dans leurs plaintes.

C'est donc en vue de soulager le peuple , sans nuire à l'exacti-tude des recouvremens , que nous proposérons à l'Assemblée le Règlement suivant.

ARTICLE PREMIER.

LES impositions Royales , celles de Province & de Commu-nauté seront perçues aux époques suivantes.

Le Roussillon , le Bas-Conflent & le Vallespir , l'arrondisse-ment d'Arles excepté , acquitteront leur capitation , 4 sous pour livre & accessoires d'icelle , dans le courant du mois de Mai.

Les deux vingtièmes , les 4 sous pour livre du premier , & les accessoires , étant l'imposition la plus onéreuse , seront divisés en deux payemens égaux , dont l'un sera fait dans le courant du mois d'Août , l'autre dans celui de Novembre.

L'imposition ordinaire sera pareillement collectée en deux paye-mens égaux , dont le premier sera fait dans le mois de Juin , le second dans celui de Septembre.

La contribution en argent , représentative de la corvée , & les charges de Communauté , dans les lieux où il y en aura , seront distribuées en trois payemens ; savoir : la moitié de la contribu-tion en argent représentative de la corvée , sera collectée dans le mois de Juillet ; l'autre moitié & le tiers des impositions lo-cales , dans le mois d'Octobre ; & les deux tiers restant des impositions locales , dans le mois de Décembre suivant.

Et pour la Cerdagne , le Capsir , l'arrondissement d'Olette en Conflent , & celui d'Arles en Vallespir , toutes les impositions réunies seront payées , savoir : un quart au mois de Mars , un quart au mois de Septembre , & la moitié au mois de No-vembre.

ART. II.

Les Bureaux intermédiaires veilleront à ce que les rôles foient rendus exécutoires, & remis à MM. les Syndics des Municipalités, un mois & demi avant les époques où ils doivent être mis en recouvrement.

ART. III.

Dès que le rôle des impofitions aura été rendu exécutoire, & remis par le Syndic de chaque Municipalité, au Collecteur de la paroiffe, celui-ci en fera avertir le peuple, au moyen d'un cri public, qui fera toujours fait un jour de fête, afin que chaque particulier aille s'inftruire du montant de fes taxes.

ART. IV.

Faute par les particuliers de s'être exécutés dans le mois fixé pour le payement de chaque impofition, le Collecteur leur enverra un billet d'avis, par lequel il leur annoncera, que s'ils ne fe libèrent pas dans dix jours du payement échu, il fera des pourfuites contr'eux.

ART. V.

Dans le cas où, après ces dix jours de grâce, les débiteurs feroient encore en retard, le Collecteur procédera contr'eux, favoir : contre ceux dont la taxe n'excédera pas 3 liv. par *pignore* ou faifie fommaire de leurs meubles & effets mobiliers, autres que leur lit & les outils propres pour leur travail ; & contre les redevables taxés au-deffus de 3 liv., le Collecteur procédera par la voie du commandement.

ART. VI.

Huit jours après la faifie des meubles ou effets des contribuables dont la taxe n'excédera pas 3 liv., le Collecteur fera vendre fommairement, fur la place publique, les effets faifis, après en avoir donné avis au Syndic, ou, en fon abfence, à un membre de l'Affemblée municipale. Huit jours après le commandement fait aux contribuables dont la taxe s'élèvera au-deffus de 3 liv., le Collecteur procédera pareillement contr'eux par faifie de leurs meubles ou effets mobiliers, dont la vente fera pareillement faite fommairement, fur la place publique, huit jours après la faifie, mais par un officier public.

A R T. V I I.

Lorfque le Collecteur fera faifir fommairement des meubles aux contribuables en retard, & dont l'impofition fera de 3 liv. & au-deffous, il remettra au particulier faifi un état daté & figné de lui, dans lequel feront détaillés lefdits effets dont il aura fait capture. Les meubles & effets étant faifis par exploit, à ceux dont l'impofition eft au-deffus de 3 liv., le Collecteur fera difpenfé de remplir cette formalité.

A R T. V I I I.

Les frais, foit de faifie, foit de vente fommaire des meubles ou effets des redevables dont la taxe fera de 3 liv. & au-deffous, ne pourront être que de 4 fous; favoir: 2 fous pour la faifie, & les 2 fous reftant, pour la vente fommaire. Les frais du commandement fait aux redevables dont l'impofition s'élèvera au-deffus de 3 liv., ne pourront aller au-delà de 2 liv.; favoir: 10 fous pour le commandement, 20 fous pour la faifie, & 10 f. pour la vente fommaire.

A R T. I X.

Les Collecteurs des Municipalités verferont entre les mains des Receveurs particuliers, les fonds provenant des impofitions quelconques, un mois au plus tard après les époques prefcrites dans l'article premier pour le recouvrement.

A R T. X.

Faute par le Collecteur d'avoir fait dans le temps prefcrit les verſemens ci-deſſus ; ou les pourſuites ordonnées contre les contribuables en retard, le Syndic de la Municipalité du lieu logera la contrainte chez ledit Collecteur ; celui-ci en ſupportera tous les frais de journée, & il ne ſera point recevable à demander des dédommagemens, vu qu'il ne pourra imputer qu'à lui-même le retard ſurvenu dans les verſemens à faire entre les mains du receveur particulier ; & dans le cas où le Collecteur, après huit jours de garniſon, ne ſe ſeroit pas exécuté, le Syndic fera procéder contre lui par voie de commandement, & même de ſaiſie, s'il eſt néceſſaire.

A R T. X I.

Chaque Bureau intermédiaire déſignera deux ou trois garniſaires par arrondiſſement, & plus même s'il le faut, à la Commiſſion provinciale, qui leur enverra des Commiſſions ſuivant la forme qui ſera déterminée.

A R T. X I I.

Les Syndics des Municipalités ſeront tenus d'employer les garniſaires de leur arrondiſſement, de préférence à tous autres ; & ſi les circonſtances en exigeoient un plus grand nombre, leſdits Syndics ſeront tenus de les prendre dans l'arrondiſſement voiſin.

A R T. X I I I.

Les garniſaires ne ſeront payés qu'autant de jours qu'ils ſeront employés, & leur journée ſera & demeurera fixée à 16 ſous, comme elle étoit par le paſſé.

OBSERVATION PARTICULIERE.

Les Règlemens diſpoſent que les impoſitions perſonnelles de chaque particulier ſeront fixées & payées dans le lieu de ſon domicile, & les impoſitions réelles, dans chacune des Communautés où il aura du bien.

Cet ordre eſt juſte, & prépare l'égalité de la répartition, mais il préſente beaucoup d'inconvéniens.

1°.

1°. Les particuliers qui ont du bien dans vingt paroiſſes, auront à faire à vingt Collecteurs, & devront conſerver vingt quittances d'une même impoſition.

2°. N'étant pas domiciliés dans chacune des paroiſſes où ils auroient été impoſés, les Collecteurs ne pourroient leur faire ſaiſir des meubles. Ils devroient avoir recours à la ſaiſie des fruits perçus ou à percevoir; de-là l'embarras de faire nommer des ſéqueſtres, de fournir aux frais des récoltes, de pourvoir à la conſervation & à la vente des fruits ſaiſis; de-là encore toutes les formalités de juſtice pour la rédaction, réviſion & définition des comptes, ce qui entraîneroit des frais immenſes, & un retard préjudiciable à la ponctualité avec laquelle les impoſitions doivent être perçues.

3°. La ſolvabilité des Collecteurs deviendroit, dans ce cas, bien plus embarraſſante; il y auroit même des Communautés, où il ſeroit impoſſible d'en trouver.

D'après ces conſidérations, le Bureau eſtime qu'il eſt utile & même néceſſaire que la cotiſation des tenanciers forains ſe faſſe dans chaque paroiſſe où ils ont des propriétés, & que leur taxe ſoit portée dans chaque rôle particulier. Cette diſpoſition ne devroit cependant pas empêcher que leſdits tenanciers forains ne continuaſſent de payer leurs taxes dans le lieu de leur domicile; le Collecteur où le Syndic de la Communauté où ces tenanciers poſſèdent des biens, adreſſeroit à l'Aſſemblée municipale du lieu de leur domicile, le montant de l'impoſition à laquelle ils auroient été taxés; le Collecteur de la paroiſſe du domicile en feroit le recouvrement, & en ſeroit comptable au Receveur particulier de la viguerie.

MM. les Procureurs-Syndics, qui avoient pris connoiſſance du projet de règlement ci-deſſus, n'ayant aucune réflexion nouvelle à y ajouter, & ayant au-contraire déclaré qu'ils attendent de cette nouvelle forme un régime plus doux, qui n'aura pas l'inconvénient de nuire à la célérité & à l'exactitude des recouvremens indiſpenſables au bien du ſervice, la matière a été miſe en délibération, & le contenu du mémoire & projet de règlement unanimement approuvé, comme exprimant le vœu de l'Aſſemblée.

En conſéquence, la Commiſſion intermédiaire a été chargée de ſupplier Sa Majeſté de vouloir bien accueillir cette nouvelle

X

forme, que l'Affemblée eftime devoir être moins gravatoire pour le peuple, & d'en ordonner l'exécution. Ladite Commiffion a été de plus autorifée à faire telles difpofitions & arrangemens qu'elle jugera convenables pour le traitement, pendant l'année courante, des Receveurs & Collecteurs particuliers, relativement aux quotités des tenanciers forains; fe réfervant, l'Affemblée, à prendre, lors de fa prochaine tenue, une réfolution définitive fur cet objet.

Après quoi, M. le Préfident a propofé de députer de nouveau, auprès de Mgr. l'Evêque, MM. de Monteils, de Çagarriga, Bonaure & Planes, pour le faluer au nom de l'Affemblée, & s'informer de l'état de fa fanté. Ces Meffieurs font revenus témoigner à l'Affemblée la fenfibilité de Mgr. l'Evêque, aux marques d'attention qu'il en reçoit, & l'efpoir qu'il a d'y reprendre demain féance.

Fait & arrêté à Perpignan, les jour & an que deffus. *Signés*; Le Mis. D'OMS. T. Ramon, Secr. Greffier.

VINGTIEME SÉANCE.
Du 17 Janvier 1788.

Ledit jour 17 Janvier 1788, à 10 heures du matin, l'Affemblée réunie dans le lieu ordinaire de fes féances, Mgr. l'Evêque eft venu la préfider; il l'a remerciée de l'attention qu'elle lui a témoigné pendant fon indifpofition, & de l'intérêt qu'elle a bien voulu y prendre.

Après quoi, mondit Seigneur le Préfident a rappelé à l'Affemblée, que, d'après le vœu du Gouvernement, configné dans le paragraphe 1er., Affemblées municipales, 2e partie du nouveau règlement, l'Affemblée devoit former en cette ville, réfidence de M. l'Intendant, un Conseil d'Avocats, pour décider des cas & circonstances où les communautés de la province pourroient être autorisées à ester en jugement, d'après les délibérations qu'elles en auroient prises : il a ajouté que cette institution seroit d'autant plus avantageuse pour les Communautés, qu'elles sont souvent entraînées dans des procès ruineux, par le caprice & l'influence d'un seul particulier. L'Assemblée, prenant ces motifs en considération, a résolu d'établir, pour cet effet, un Conseil d'Avocats, & de se borner à deux, quant à présent, & a autorisé néanmoins sa Commission intermédiaire à leur en joindre un troisième, & même un quatrième, s'il étoit nécessaire, en cas de maladie ou de suspicion de l'un d'eux, & de diversité d'opinions. En conséquence, procédant à ladite nomination, elle a élus, à la pluralité des voix, M^{es}. Marigo & Ferriol, & a arrêté que les honoraires desdites consultations seroient payés par les Communautés consultantes ; & que dans le cas où, contre l'avis desdits Avocats consultans, les municipalités s'obstineroient à vouloir plaider, les frais en seront supportés personnellement par les seuls Officiers municipaux, sans espoir de répétition sur la Communauté.

Ensuite, MM. du Bureau de l'Impôt ont représenté à l'Assemblée, que la briéveté du temps n'avoit pu leur permettre de prendre tous les renseignemens convenables pour une plus juste répartition des impôts, ni même d'offrir un état exact & détaillé des économies, dont les charges locales de la province, les perceptions & frais de régie sont susceptibles ; que chaque objet demande d'être plus particulièrement approfondi, pour ne pas se livrer légèrement à des réformes précipitées, & à des innovations qui, quoique justes au premier aspect, ne peuvent manquer de choquer les intérêts, les droits, les prérogatives de quelque classe de citoyens. Le Bureau a observé, de-plus, que les seuls impôts dont l'Assemblée & sa Commission peuvent être chargés de faire la répartition, se réduisent à la contribution pécuniaire représentative de la corvée, & aux vingtièmes des six derniers mois de l'année courante ; que la manière dont la prestation en argent doit être levée, se trouve prescrite par la déclaration du 27 Juin 1787 ; que, quant au second objet,

le bien du service exigeant que la répartition & le recouvrement
des vingtièmes ne souffrent aucun retard, il seroit dangereux de
s'écarter cette année des bases établies; en conséquence, il a
été d'avis de donner à la Commission provinciale intermédiaire,
les autorisations les plus étendues pour la levée & la répartition
des impositions, dont elle sera chargée, & pour prendre les
renseignemens qui ont échappé à ses recherches, soit pour parvenir à une distribution plus juste des impôts, soit pour porter
l'économie la plus scrupuleuse dans les frais de régie & dans
l'emploi des contributions relatives aux charges locales de la
province, soit encore pour solliciter du Ministère la distinction
des objets qui appartiendront à M. l'Intendant, ou qui concer-
neront l'Assemblée.

Et l'Assemblée, déférant à l'avis du Bureau, a résolu d'au-
toriser la Commission intermédiaire,

1°. A demander, tant par ses Procureurs - Syndics que par
ceux des Assemblées de district, à chaque Communauté, un état
du nombre de ses feux & de sa population, de ses revenus particuliers, de ses charges, de ses dettes actives & passives; enfin,
un rôle détaillé de toutes les contributions & impositions auxquelles elles sont assujetties, avec tous les renseignemens y relatifs pour une répartition plus équitable, afin que, par l'acqui-
sition de ces connoissances, la Commission intermédiaire puisse
présenter à l'Assemblée provinciale, lors de sa prochaine tenue,
des plans sages, qui puissent la diriger dans l'assiette des impositions dont elle sera chargée.

2°. A demander, pour 1789, à M. le Contrôleur-général, aux
époques d'usage, les brevets concernant la capitation & accessoires, & celui de l'imposition ordinaire, l'un & l'autre conformes au brevet de l'année courante, avec, néanmoins, les
déductions & retranchemens qu'elle croira justes.

3°. A réclamer, auprès du Ministère, l'administration des
fonds qu'elle croira, après mûr examen, être à la disposition
de l'Assemblée provinciale, & la distinction de ceux dont l'emploi continuera d'être fait par M. l'Intendant.

4°. A ne rien innover dans la répartition des vingtièmes,
pour les six derniers mois de 1788, supposé que la Commission
en soit chargée, & dans le cas où Sa Majesté daigne accepter

les offres de la province, à répartir la nouvelle augmentation au marc la livre des quotités actuelles; finalement, à ne faire droit aux requêtes qu'elle pourra recevoir des contribuables, qu'autant qu'ils prouveront une lézion du quart; se réservant, l'Assemblée, de statuer sur celles qui porteront sur une lézion moindre, suivant les règles qu'elle établira lors de sa prochaine tenue.

5°. A s'informer du Receveur-général des Finances de cette province, & de qui de droit, s'il répond des Receveurs particuliers établis dans chaque viguerie; &, dans le cas où il n'en répondroit pas, s'informer quelle est la caution de ces derniers, & leur solvabilité; s'informer encore qui perçoit les impositions particulières & locales de la province, quels font les frais de perception établis pour cet objet, & quelles font les cautions particulières de ces Receveurs.

Fait & arrêté à Perpignan, lesdits jour & an que dessus. *Signés,* J. G. Evêque d'ELNE, Président. T. RAMON, Secr. Greffier.

VINGT-UNIEME SÉANCE.

Du 18 Janvier 1788.

LEDIT jour 18 Janvier 1788, à dix heures du matin, l'Assemblée réunie dans le lieu des séances précédentes, M. le Marquis d'Aguilar, qu'une indisposition avoit retenu plusieurs jours chez lui, est venu reprendre sa place, & a remercié l'Assemblée, de l'attention qu'elle lui a témoignée en députant deux de ses Membres pour s'informer de l'état de sa santé.

Après quoi, MM. du Bureau des Travaux publics ont fait le rapport suivant.

RAPPORT

DU BUREAU DES TRAVAUX PUBLICS.

MESSIEURS,

LE Bureau que vous avez chargé des chemins & travaux publics, a pris en confidération le Mémoire lu dans cette Affemblée par MM. les Procureurs-généraux-Syndics. Il a examiné avec foin plufieurs détails, devis, adjudications, &c. d'ouvrages fignés par M. l'Ingénieur en chef de la Province.

Tous ces renfeignemens importans à l'inftruction du Bureau, méritant un examen partiel & approfondi, il a jugé devoir s'en tenir, quant à préfent, au Mémoire de MM. les Procureurs-généraux-Syndics, qui traite de la manière la plus claire & la plus intéreffante chacun des objets relatifs aux travaux publics, aux dépenfes qu'ils exigent, à la combinaifon proportionnelle de celle-ci avec les fonds affignés annuellement en effectif fur la Province, ou ceux qu'elle a obtenus de la bonté du Roi, pour l'aider à fubvenir aux frais immenfes, & au-deffus de fes moyens, qu'entraînent de néceffité la confection des routes & leur entretien. Ces dépenfes font incalculables en Rouffillon, où de fréquentes inondations dégradent & détruifent en un moment l'ouvrage de plufieurs années.

Ces affertions affligeantes font expofées avec toute l'énergie de la vérité, dans le Mémoire de MM. les Procureurs-généraux-Syndics; auffi le Bureau fe fait-il un devoir de le rappeler à l'attention de l'Affemblée, comme un travail digne de l'éclairer.

Le Bureau ne peut fe permettre dans ce moment qu'une analyfe fuccincte des articles du Mémoire de MM. les Syndics, qui concernent chacun des ouvrages qui y font individués. Nous allons vous les indiquer par numéros cotés audit Mémoire.

No. I.

Digue Orri.

L'OBJET de cet ouvrage eſt ſuffiſamment expliqué, & ſon importance conſtatée dans le Mémoire de MM. les Syndics. Nous croyons que c'eſt le premier ſur lequel l'Aſſemblée doit porter ſon attention de préférence, & qu'elle doit y appliquer le plus de fonds pour en accélérer & perfectionner la conſtruction. Cette digue ſert à contenir la *Tet* dans ſon lit, à garantir de ſes eaux une grande étendue de terrain précieux, & à conſerver la route de Perpignan en Languedoc, route qui a été pluſieurs fois dégradée & rompue par les crûes de cette rivière.

Le travail n'eſt, pour ainſi dire, qu'ébauché: il conſiſte principalement à ſoutenir la digue formée au moyen d'un perré avec jetée, ſur une longueur projetée de 1050 toiſes, d'après les plans & devis des Ingénieurs, & l'adjudication faite en dernier lieu au Sr. Louis Pons, par Ordonnance du premier Janvier 1787, au prix de. . . . . 395'000 liv. ſous den. | Devis eſtimatif.

Il a été dépenſé proviſoirement . . . 325'640   13   9 | Dépenſes faites.

Enſorte qu'il ne reſte à employer que   69'359   6   3 | Reliquat de fonds pour compléter le devis.

Et ſur ce reliquat de fonds, en les ſuppoſant faits, il faut pourvoir aux travaux ultérieurs, qui mettront le complément au projet ;

SAVOIR:

1°. A la perfection du perré, dont il n'y a encore que 310 toiſes de faites.

2°. A la formation d'une nouvelle digue du côté des Capucins, ſur la rive droite de la rivière.

3°. A la prolongation des deux digues jugées néceſſaires en aval du pont, en les pouſſant juſqu'à 160 toiſes.

4°. Au creuſement d'un canal pour détourner l'embouchure

Ouvrages à continuer.

Canal de la Baſſe.

de la petite rivière de la Baffe , qui coupe à angle droit celle de la Tet ; ce qui force la première à refluer lors des crues , & à s'étendre fur les terrains riverains , ou à regonfler de manière à obftruer les égouts de la ville.

L'Infuffifance des fonds a déterminé l'Ingénieur à propofer de borner la longueur de la digue à une pointe dite de l'*Efcurè*, ce qui la réduiroit confidérablement ; & de fuppléer à cette réduction par des épis en pierre de diftance en diftance, dont les intervalles feroient remplis en plantations. Par ce moyen, en diminuant de beaucoup la dépenfe, on parviendroit au même but.

Ce projet fut approuvé au Confeil le 24 Juillet 1786. L'Ordonnance prefcrit feulement de conftruire les épis perpendiculairement à l'axe de la rivière, contre l'avis du Sr. de Gaillon, Ingénieur de la Province, qui juge que la ligne des épis obliques à l'axe de la rivière, leur donneroit plus de ftabilité, ce qui paroît conforme à l'expérience & à la pratique des gens experts en ces fortes d'ouvrages dans les rivières de la Province.

MM. les Syndics ont fait fur cela des réflexions très-juftes, & ont ajouté une obfervation à laquelle nous ne pouvons que nous en rapporter.

Elle confifte à planter, au-moins en partie, & mieux encore en totalité, le terrain appelé le Champ de Mars, fitué à la partie feptentrionale de la digue. Les eaux qui la furmontent dans les crues extraordinaires, en y dépofant leur fédiment, formeroient infenfiblement une nouvelle barrière qui fortifieroit la digue, en contenant l'éboulement des matières diffolubles dont elle eft formée, & arrêteroit en même-temps les filtrations qui la minent en-deffous, & l'entraînent imperceptiblement vers le Champ de Mars.

No. II.

Pont de pierre fur la Tet.

Ponts.

CE pont, fans lequel toute communication feroit interceptée entre Perpignan & Narbonne, eft de la plus grande importance à conferver. Sa conftruction ancienne, & jugée par

MM.

MM. les Ingénieurs défectueufe, indépendamment de fa vétufté, l'expofe à être entraîné tôt ou tard par les crues d'eau, qu'on a vues remonter jufqu'au parapet. Il eft hors de doute que fi la Province avoit des fonds pour le refaire à neuf, il n'y auroit pas à balancer de les y employer fans délai.

Nous avons trouvé dans les papiers qui nous ont été communiqués par M. l'Ingénieur, le détail des moyens qu'il propofe pour exécuter cette reconftruction avec économie & folidité.

L'Affemblée des Ponts & Chauffées y a donné fon approbation le 17 Juillet 1786. Mais, encore une fois, nous ne nous permettons pas d'opiner fur un projet impoffible à exécuter pour le moment, à moins de fecours extraordinaires de la part du Gouvernement. Les fonds de la Province font déjà infuffifans pour l'entretien des ouvrages d'art, dont la plûpart font bien éloignés de leur perfection, à laquelle on ne peut efpérer d'atteindre, qu'après une fuite d'années.

Nᵒ· III.

Pont appelé des Eaux vives.

CE pont vient à la fuite de celui de la Tet, pour gagner la chauffée du Vernet. Il traverfe un terrain marécageux, & qui étoit impraticable la plûpart du temps avant fa conftruction. Il fut entraîné en partie dans une forte inondation, il y a environ dix à douze ans. On y fuppléa au moyen d'un pont de bois dont on conjecturoit la durée, & qui n'a tenu que quelques années, au bout defquelles il a fallu le condamner comme dangereux & impraticable pour les voitures.

Pour conferver la communication, il a été conftruit fur le terrain bas, à la droite dudit pont, au moyen d'une petite levée & de deux ponceaux en bois, un paffage provifoire, fujet à être fubmergé & détruit à la moindre inondation. L'Affemblée des Ponts & Chauffées a admis un Mémoire de l'Ingénieur de la Province, fur la reconftruction de ce pont en cinq arches de 36 pieds d'ouverture chacune, & contigües. Il n'a été encore dreffé aucun devis fur ce fujet.

Y

N.o IV.

Pont de l'Agly.

Ce pont, bâti à neuf depuis 25 ans environ, fut emporté & détruit de fond-en-comble, par une crue extraordinaire de la rivière, au mois de Janvier dernier. Il en reste des ruines précieuses à conserver. MM. les Ingénieurs assurent que les matériaux encombrés sous le sable ne courent aucun risque d'être dégradés ni enlevés. On pense néanmoins qu'il conviendroit de les retirer du lit de la rivière, & de les rassembler de manière à les préserver d'être entraînés ou dispersés par quelque inondation, afin de s'en servir utilement lorsqu'il sera question de rétablir ce pont, entreprise dispendieuse. Il n'a été fait encore aucun projet sur cet ouvrage. En attendant, les voitures passent la rivière, guéable une grande partie de l'année, à côté du pont, ou vont chercher celui de Rivesaltes, détour qui allonge le chemin d'environ une demi-heure. On n'avoit pas connu d'autre passage avant la construction du pont qui vient d'être renversé.

N.o V.

Pont d'Elne sur le Tech.

Ce pont est nécessaire pour la communication de Perpignan avec la ville de Colliouvre & le Port-Vendres, dont il sera parlé ci-après. L'adjudication en a été passée au Sr. Louis Pons, le 14 Avril 1787, au prix de 360'800 liv. sur laquelle somme les épuisemens nécessaires à la fondation des piles & culées, ont déjà coûté des sommes considérables.

Port-Vendres.

Le pont sur le Tech se lie essentiellement au projet du rétablissement du Port-Vendres, comme nécessaire pour la communication de Perpignan à ce port, dont l'entreprise est avan-

cée à un point qui (outre fon utilité reconnue pour le commerce de la Province, & pour l'abri des bâtimens de toutes les
nations, lorfqu'ils font engagés dans le golfe de Lyon à hauteur de nos côtes) doit faire défirer la confervation de cet ouvrage, commencé fous les aufpices du Roi, & foutenu par fa
bienfaifance.

Sa Majefté, à la follicitation de M. le Maréchal de Mailly, a
daigné accorder à la Province, jufqu'à préfent, un fecours annuel de 20 mille livres, pour aider aux dépenfes de fon curage
& de fon entretien. M. de St.-Sauveur, Intendant, a contribué
par fes inftances, à obtenir du miniftère le payement exact de
cette fomme jufqu'à préfent ; mais, par une lettre qu'il a reçue
de M. de la Milliere, en date du 30 Mars dernier, nous pa-
roiffons menacés de la fufpenfion ou fuppreffion de ce fecours,
& nous avons à craindre qu'il ne foit rejeté comme devant être
à la charge de la Province.

Dans cette circonftance, nous croyons que l'Affemblée provinciale, ou Monfeigneur le Préfident en fon nom, doit
fupplier de nouveau Sa Majefté de continuer à la Province
un bienfait digne de fa munificence royale, & qui tient fi fort
à un établiffement qu'elle a daigné protéger & encourager.
L'Affemblée ne fauroit douter du zèle de M. le Maréchal de
Mailly, qui doit être également fupplié de fe joindre aux inftances de l'Affemblée.

Après vous avoir indiqué fommairement, Meffieurs, l'état
de la digue Orri, des différens ponts conftruits fur les principales rivières, & enfin de la reftauration d'un port intéreffant, & digne d'être entretenu, nous allons vous parler des
chemins & communications, autant qu'il nous a été permis
d'en prendre connoiffance depuis le peu de temps que notre
Bureau a été chargé de ce détail.

R O U T E S.

MM. les Procureurs-Généraux-Syndics ont donné, dans leur
mémoire, une idée générale des principales routes de la province & de leur état actuel.

Nous croyons devoir nous référer à leur rapport pour le détail, l'ensemble & les dépenses qu'exigent ces ouvrages, en distinguant les routes en trois différentes classes.

PREMIERE CLASSE.

Grande route de France en Espagne, depuis la Croix de Fitou, limite du Languedoc à Perpignan, & de Perpignan au Pertus, limite d'Espagne, passant par le Boulou.

Cette route, qui traverse la province, & communique avec la grande route d'Espagne, est la plus intéressante & la plus importante à entretenir, réparer ou parfaire.

DEUXIEME CLASSE.

Grand chemin de Perpignan à Puigcerda.

On doit considérer cette route comme formant deux parties (1).

La première, de Perpignan à Villefranche, utile pour le commerce de cette première ville, avec le canton appelé le Conflent : la seconde, de Villefranche à Puigcerda, passant par le Mont-louis. Cette seconde partie ne sert que pour le commerce particulier avec la Cerdagne françoise & la Catalogne, en traversant les montagnes les plus élevées.

OBSERVATIONS SUR CE CHEMIN.

La première partie de ce chemin se subdivise en deux por-

_____

(1) Cette route est une des plus intéressantes de la province, sur-tout depuis Perpignan à Villefranche ; il y a un ancien pont de pierre, dit *de Nentillac*, détruit depuis peu de temps, qui mérite d'être reconstruit, sur un torrent qui intercepte souvent la communication par des crues subites.

tions, l'une qui traverse la plaine depuis Perpignan jusqu'à la hauteur du village de Boule-Ternere, à la naissance des montagnes ; ce qui fait une longueur d'environ quatre lieues en ligne directe, suivant l'ancien chemin.

Il a été projeté de détourner ce chemin sur la droite, pour le faire passer à portée ou dans les villes de Millas & d'Ille, détour qui l'alongera d'environ une demi-heure. Ce nouveau projet a excité quelques réclamations de la part de plusieurs tenanciers dont les possessions seront traversées & endommagées par une nouvelle direction, qui portera cette route sur des terroirs fertiles & précieux. Les propriétaires allarmés en sollicitent la suppression ; ils désirent qu'on se borne à réparer l'ancien chemin, qui est plus direct.

Cette considération paroît fondée à bien des égards ; mais il en est d'autres à l'appui de la direction du chemin nouveau, & qui méritent une discussion raisonnée. 1°. Il est avantageux & agréable au voyageur de passer à portée de deux petites villes peuplées ; le vieux chemin ne traverse que des campagnes. 2°. L'ancien chemin a l'inconvénient de traverser, pendant demi-heure, le cailloutage du torrent du Boulès : il exigeroit trois ponts, sur trois différens torrens, qui, par le nouveau projet, se trouveront réunis dans un lit plus étroit, & sous un seul pont, auprès d'Ille.

Le Bureau croit devoir présenter à l'Assemblée les observations qu'il a recueillies à ce sujet de divers intéressés.

Au-surplus, dans la partie de ce chemin, qui traverse la plaine, il y a environ cinq quarts d'heure de chemin fait de Perpignan au Soler ; il n'y reste que quelques ponceaux à achever, & le surplus à réparer & entretenir.

SUITE DE LA DEUXIEME CLASSE.

Grand chemin de Perpignan à Elne, Colliouvre & Port-Vendres.

Ce chemin est également utile & nécessaire ; les ouvrages y sont entamés, & exigent d'être continués.

TROISIEME CLASSE.

Grand chemin de Perpignan au Prats-de-Mollo.

Cette route s'embranche au village du Bolo, fur celle de France en Espagne ; elle eft utile au commerce d'Arles & aux approvisionnemens de cette partie de montagnes qui renferme des établissemens de bains & eaux thermales, falutaires pour différentes maladies, & où l'on envoie annuellement nombre de foldats des garnifons de la province.

Il convient d'entretenir cette route praticable, fans grande dépenfe.

Grand chemin de Perpignan à Eftagel, & de-là aux limites du Languedoc.

Ce chemin s'embranche au Vernet, à 1000 toifes de Perpignan, fur la route de Narbonne ; il n'eft encore que projeté, il y aura un pont à jeter à Eftagel, fur la rivière de l'Agly, qui fera de grande dépenfe. La province de Languedoc, qui follicite cette communication, s'eft offerte à contribuer aux frais du pont ; mais la reconftruction du pont de l'Agly fur la route de Narbonne, eft d'une néceffité bien plus urgente. Le manque de fonds de la province, eft un obftacle à l'entreprife de cet ouvrage, au-moins pour cette année ; à plus forte raifon en eft-il un pour s'occuper de cette nouvelle communication avec le Languedoc.

Chemin du Mont-louis jufqu'au Donezan, traverfant le Capfir.

A fupendre jufqu'à des temps plus favorables.

Nous penfons, Meffieurs, que ce court expofé de l'état des chemins de la province, appuyé du mémoire du MM. les Syndics, fur cette partie; ne laiffera rien à défirer à l'Affemblée, pour lui faire connoître l'importance ou l'utilité des principaux ouvrages auxquels il convient d'appliquer, chaque année, les fonds néceffaires à leur entretien, réparation & confection, fauf à modifier les propofitions d'emploi, portées dans les états & devis de MM. les Ingénieurs, afin de proportionner les dépenfes aux foibles moyens de la province.

Un fimple apperçu des projets, dont la plûpart font de néceffité abfolue & urgente, feroit capable d'allarmer l'Adminiftration, fi elle ne trouvoit, dans fa fageffe, des moyens de modérer les entreprifes, remédier aux abus, & porter l'économie défirable dans une partie où il ne fuffit pas de créer des plans quand on manque de reffources pour les exécuter.

Le mémoire de MM. les Syndics ne préfente pas moins qu'une dépenfe de deux millions & plus, pour les ouvrages projetés dans la province. Vous conclurez de-là, Meffieurs, qu'il faut s'en tenir à conferver ce qui eft fait, reftaurer ce qui périclite, & marcher lentement vers la perfection, que le temps feul, ou des fecours inattendus peuvent amener.

Le Bureau s'eft fixé pour le moment, à combiner, d'après les états remis par MM. les Ingénieurs, les dépenfes propofées pour 1788, avec les fonds portés dans l'état du Roi, deftinés aux ouvrages d'art, pour la même année.

Fonds pour les ouvrages d'art.

Reliquat des fonds de l'année 1787, fuivant la note donnée par M. Gaillon, Ingénieur, le 13 Janvier 1788 (1). . . . . . 58,102 l. 6 f. 3 d.

(1) On voit que le Bureau avoit compté fur des fonds arriérés, pour la fomme de 58,102 liv. 6 fous 3 deniers, qui lui avoient été préfentés comme non confommés, & difponibles à fon gré.

Il a été reconnu depuis, que dans l'addition de ce compte, il s'étoit gliffé une erreur de calcul de 500 liv., portant réduction de cette première fomme, à celle de 57,602 liv. 6 f. 3 den.; partant, à déduire. . . 500 liv. f. d.

Le 25 Février fuivant, la Commiffion intermédiaire provinciale voulant approfondir plus particulièrement les comptes de l'adminiftration des Ponts & Chauffées, dont elle n'étoit pas fatisfaite, pria M. l'Intendant de vouloir bien, pour mettre

De l'autre part . . . . 58,102 . 6 f. 3 d.

A prendre fur l'Adjudicataire
des Gabelles. . . . . 31,000 l. ⎫
Idem, fur l'impofition ordi- ⎬ 46,000
naire, ... 15,000 ⎭

104,102　6　3

De l'autre part. . . . . 　500 liv.　f.　d.

plus de clarté dans cet objet, lui accorder une conférence, à
laquelle feroient préfens M. l'Ingénieur en chef, & M. Pons,
principal entrepreneur de la province.

Dans cette conférence, à laquelle Mgr. l'Evêque affifta, il
fut conftaté qu'il fe trouvoit, fous la date du 19 Août 1787,
une adjudication en efcarpement de roc fur la route de Port-
Vendres, paffée au fieur Pons, pour la fomme de 30,571 liv.
15 f. 8 d. dont jufqu'alors il n'avoit été donné à l'Affemblée
aucune connoiffance.

La Commiffion intermédiaire en témoigna fa furprife : il lui
fut répondu que cette adjudication, qui ne devoit être d'abord
que de 20,000 liv., avoit été portée définitivement à 30,571
liv. 15 f. 8 den., en y rapportant les fonds que M. l'Infpecteur,
lors de fa tournée, avoit décidé d'appliquer à la partie de route
depuis Argelés jufqu'au Port - Vendres ; mais que c'étoit par
oubli que cette fomme n'avoit pas été diftraite de l'état des
fonds libres ; partant, à déduire pour cet objet. . . . . . . 　30,571　15　8

Cet oubli ayant donné lieu de foupçonner d'autres omif-
fions, la Commiffion voulut prendre connoiffance des comptes
des entrepreneurs ; le réfultat fut qu'il étoit dû au fieur Pons,

1°. Sur le pont du Tech, pour ouvrages faits pendant la
campagne de 1787, une fomme de quatorze mille livres, qui
n'avoit point été fouftraite des fonds préfentés comme libres ;
à déduire, ci . . . . 　14,000

2°. Pour des ponceaux exécutés fur la route du Conflent,
pendant la même campagne de 1787, une fomme de 8480 liv.
19 f. 7 den. ; partant, à déduire, ... 　8,480　19　7

Il a été dépenfé depuis, pour mettre à terre le ponton &
les deux faloppes fervant au curage du Port-Vendres, & pour
faire leurs chantiers, une fomme de. . . . . 　316　16

TOTAL des déductions. . . . . 　53,869　11　3

Ainfi, l'Affemblée n'a fur les fonds non confommés, de fomme
vraiment libre, & à fa difpofition, que celle de. . . . . 　4,232　15

Somme pareille. . . . . 　58,102　6　3

Des déductions auffi confidérables fur les fonds arriérés, qui avoient été préfentés

Ci-

Ci - contre . . . . : : : 104,102 l. 6 f. 3 d.
Pour la neuvième année, des fecours extraordinaires, accordés par le Roi, ci . . . 25,000
Pour la huitième année, pareille fomme levée fur la province, au marc la livre des vingtièmes, ... 25,000
Pour le deuxième quart de la fomme de 100 mille livres, accordée par le Gouvernement, pour le pont du Tech, &c. 25,000

TOTAL des fonds faits. . . . . . 179,102 l. 6 f. 3 d.

Dépenfes propofées.

A MM. les Ingénieurs, Conducteurs, Deffinateurs, Piqueurs, &c. &c. environ. . . . . 18,000 l.
Ponceaux à conftruire de Perpignan au Soler, . 8,000
Pour terminer la digue Orry, & faire les plantations deftinées à la protéger, environ. 70,000

96,000

comme non confommés, & difponibles par l'Affemblée, ont forcé la Commiffion intermédiaire à faire des changemens proportionnels dans l'application des fommes votées par l'Affemblée.

Nonobftant, la Commiffion efpère que la digue Orry fera terminée, que le pont du Tech recevra à-peu-près les fonds qui lui étoient deftinés, que les ponceaux de Perpignan au Soler feront conftruits, & qu'elle trouvera, dans fes économies & fa vigilance, les moyens de remplir les vues de l'Affemblée provinciale. Jaloufe de la confiance & de l'eftime publique, elle mettra fous les yeux de l'Affemblée & de la province, la fuite & le réfultat de fes opérations.

Pour rendre cette note plus complète, on obfervera que le fieur Pons eft en avance fur le travail de la digue Orry, d'une fomme de 18,257 liv. 7 f. 5 den. dont il fera rembourfé dans la courante année.

Il a, fur le pont du Tech, les avances en matériaux, dont il eft tenu par les claufes de fon Adjudication.

Il feroit encore dû à cet entrepreneur, 2407 l. 6 f. 5 d., compris les dixièmes, dont il eft en avance pour fommes qu'il a rembourfées à l'entrepreneur auquel il a fuccédé dans la conftruction des ouvrages d'art fur la route du Conflent: mais les matériaux qui y font dépofés, & dont il eft entré en poffeffion, fuffifent, au rapport de l'Ingénieur, pour folder fon compte.

Z

De l'autre part. 96,000
Pour les piles & culées du pont du Tech, & pour
y fonder deux affifes au-deffus des baffes eaux, par
apperçu, ... 110,000

TOTAL des dépenfes propofées. . . . . . . 206,000 l.

RÉCAPITULATION.

La dépenfe étant de. . . . . 206,000 l.   f.   d.
La Recette n'étant que de. 179,102   6   3

Il réfulte que la dépenfe excédera la recette de   26,897   13   9

Le Bureau eût défiré, Meffieurs, pouvoir vous préfenter des
plans d'épargne au-lieu d'un excédent de dépenfe, mais des circonftances impérieufes lui ont paru juftifier la néceffité abfolue
de pouffer le *perré* de la digue Orry jufqu'à fon entière perfection,
dans la crainte que cet ouvrage entamé ne fût emporté à la
première crue d'eau confidérable. Il en a été jugé de même
pour l'ouvrage du pont du Tech. Ces obfervations ont été
mûrement combinées avec les Gens de l'art & l'Ajudicataire
chargé de ces entreprifes ; & ce n'eft que d'après leur avis, que
le Bureau s'eft déterminé à mettre fous vos yeux un emploi
auffi confidérable de fonds. Au-furplus, l'excédent de dépenfe,
qui fe monte ci-deffus à la fomme de 26,897 liv. 13 f. 9 d.,
fera fupporté par l'Entrepreneur, obligé par fon devis d'être
toujours en avance, fur le feul pont du Tech, de la fomme
de 50,000 liv., & l'excédent de dépenfe de cette année, fe re-
trouvera fur le moins-employé des fonds de l'année prochaine.

CORVÉES.

Il eft d'autres fonds confacrés à la confection & à l'entretien
des chemins : c'eft le produit de l'impofition repréfentative de

la corvée perfonnelle. Un arrêt du Confeil, du 6 Novembre
1786, a converti cette charge onéreufe aux habitans de la campagne, en une preftation en argent, qui ne doit jamais excéder les trois cinquièmes de la capitation roturière.

Le Confeil Souverain de Rouffillon, dans fon Arrêt d'enregiftrement de cette loi, le 27 Juin 1787, ayant décidé que,
fous le bon plaifir du Roi, la contribution en argent repréfentative de la corvée, n'excédera point à l'avenir, dans le reffort
de la Cour, les deux cinquièmes du principal de la capitation
roturière, & 4 fous pour livre d'icelle, &c. le Bureau ne con-
noiffant point de difpofition qui ait dérogé au fufdit Arrêt de re-
giftre, a calculé en conféquence fur les deux cinquièmes de lad.
contribution, qui forment une fomme d'environ 39'508 liv. 18 f.
& en a fait la diftribution ainfi qu'il fuit ;

SAVOIR:

Au chemin du Languedoc en Efpagne	16'000 liv.	
Au chemin de Perpignan au Port-Vendres	10'000	
Idem, de Perpignan à Puigcerda,	8'000	36'500
Idem, d'Arles à Prats-de-Mollo.		
1°. Jufques à Arles. . . 2000 l.		
2°. D'Arles à Prats-de-Mollo 500	2'500	

Refte en caiffe, pour fubvenir aux cas
imprévus . . . . 3'008   18
A quoi on peut joindre un excédent de recette
de l'exercice de 1786, à évaluer à environ . . .   650

TOTAL des fonds en réferve . . . . . 3'658   18

Le Bureau, en examinant un état de dépenfe fourni par l'Ingénieur en chef, & figné Gaillon, avec le vu de M. l'Intendant,

s'eſt apperçu de quatre articles de 200 liv. chacun, formant un total de 800 liv. portées en dépenſe pour les y dénommés, chargés de la police de la corvée.

Nous obſerverons que cette dépenſe nous a paru ſuperflue, & devoir être ſupprimée, d'autant que la corvée étant convertie en contribution pécuniaire, en acceſſoire de la capitation roturière, il n'y a plus de police à exercer ſur les corvéables.

Cantoniers. L'établiſſement des Cantoniers, nouveau dans la Province, à l'inſtar de pluſieurs autres du Royaume, ne ſauroit être mieux vu : il paroît devoir être continué par forme d'eſſai. Ils ſeront, comme par ci-devant, ſous les ordres de MM. les Ingénieurs, à qui ils rendront compte des différens travaux de leurs ateliers. L'Aſſemblée autoriſera ſa Commiſſion intermédiaire à en augmenter ou diminuer le nombre, ſuivant que le bien du ſervice l'exigera, à deſtituer & à remplacer ceux dont elle ne ſera pas contente, après la vérification des griefs dont elle aura eu connoiſſance.

Il paroît convenable au Bureau, que les Stationnaires ou Cantoniers, ſoient ſurveillés par tous les membres de l'Aſſemblée provinciale & de celles des diſtricts qui ſeront à leur portée, même par les correſpondans nommés à cet effet, ſans qu'ils puiſſent cependant être révoqués, que par un ordre exprès de l'Aſſemblée provinciale, ou de ſa Commiſſion intermédiaire.

Le Bureau penſe qu'il devroit être établi des correſpondans pour les travaux publics, dans les lieux où les membres de l'Aſſemblée, à raiſon de leur éloignement, ne pourront porter la ſurveillance eſſentielle au bien du ſervice. Ces correſpondans rendroient compte aux Bureaux des différens diſtricts, ou à la Commiſſion intermédiaire, des obſervations qu'ils feront à portée de faire ſur les différens objets relatifs aux travaux publics.

Il paroît convenable de morceler les adjudications, tant pour les ateliers, que pour les ponceaux & ouvrages d'art de peu de conſéquence ; mais, cette diſpoſition ne peut avoir lieu dans les grandes entrepriſes, pour leſquelles il eſt néceſſaire de traiter avec des Entrepreneurs riches, & qui ſe rendent garans de l'exécution en temps fixe.

Le Bureau eſtime, que les adjudications d'atelier par corvée,

& des ouvrages d'art de peu de conféquence , ne pourront être , les plus fortes , au-delà de 3 à 4000 liv.

La Commiffion intermédiaire devroit être chargée de prendre les renfeignemens néceffaires pour décider fi les pierres dites *efquerdas* , pourroient être employées avec plus de fuccès & d'économie , ou même les briques , de préférence aux pierres-de-taille , pour former les voûtes des ponceaux.

La Commiffion intermédiaire devant naturellement s'occuper de tous les moyens d'économie relatifs aux travaux publics , il paroît qu'elle devroit charger les deux Bureaux intermédiaires des diftricts , de s'informer des prix ordinaires de la toife courante dans leur arrondiffement, pour fe ménager des rabais dans les adjudications.

Le Bureau ne peut fe difpenfer de mettre en confidération les intérêts des propriétaires dont les poffeffions font traverfées ou dégradées par la conftruction des grandes routes. Il eft digne de l'adminiftration paternelle de cette Affemblée , d'épargner cette injuftice , qui retombe en partie fur des habitans les moins en état de la fupporter , quoique le facrifice répugne en général à celui qui l'exige , ainfi qu'à celui qui en fouffre. Nous croyons entrer dans les fentimens des Adminiftrateurs qui compofent cette Affemblée , en vous propofant , Meffieurs , de chercher des moyens de pourvoir aux indemnités qu'il conviendroit d'accorder.

Nous croyons devoir vous rappeler , Meffieurs , la néceffité & l'importance de ménager à la Province les bontés du Roi , pour la continuation des ateliers de charité. En conféquence , Mgr. le Préfident doit être prié de folliciter avec inftance les moyens de foutenir ces établiffemens , dignes de la bienfaifance de Sa Majefté.

Nous avons déjà fait lecture à l'Affemblée , d'un Mémoire qui nous a été remis par les propriétaires des terroirs du Soler, de St.-Feliu-de-Mont , St.-Feliu-de-Vall & Millas , relativement à la nouvelle direction du chemin du Conflent, qui leur occafionnera de grands dommages. Nous avions fait & préfenté à l'Affemblée quelques obfervations à cet égard ; mais , ayant été informés depuis , que le Gouvernement avoit approuvé &

arrêté ce nouveau chemin , nous ne faurions nous permettre d'opiner à ce fujet.

Le Bureau ne s'eft point occupé de faire la recherche des abus qui peuvent s'être gliffés dans les devis & adjudications des ouvrages publics , ayant reconnu que le Roi , par fon nouveau Règlement, a chargé expreffément la Commiffion intermédiaire , de furveiller tous les détails concernant cette partie.

En réfumant notre Rapport article par article , nous avons l'honneur de vous propofer , Meffieurs , de délibérer fur les fuivans.

1°· QUE les ouvrages de la digue Orry feront continués ainfi qu'il a été propofé ci-deffus , & qu'il y fera affecté une fomme de 70'000 liv.

2°· Qu'il fera pourvu à la plantation du Champ de Mars en taillis d'arbres de rivière , au-moins à diftance fuffifante de la digue , pour former une épaiffeur de bois capable de la foutenir.

3°· Que le pont de pierre fur la Tet fera entretenu & confervé avec tout le foin poffible , en attendant que la Province fe procure des fonds pour fa reconftruction.

4°· Que le paffage des eaux vives demeurera en l'état provifoire actuel , jufqu'à ce que la Province trouve des moyens d'exécuter le projet de MM. les Ingénieurs , pour y conftruire un pont.

5°· Que le pont de l'Agly , quoique néceffaire , peut demeurer en fufpens fans inconvénient , d'autant qu'on paffe la rivière à gué pendant la majeure partie de l'année , & qu'en cas de crue d'eau , on a la reffource de paffer à Rivefaltes , dont il faut feulement entretenir le chemin roulant.

6°· Que les travaux du pont d'Elne feront continués , en y deftinant , pour la campagne prochaine, un fonds de 110'000 l.

7°· Que fur la route de France en Efpagne , jufques au Pertus , il fera employé , fur les fonds de corvée , une fomme de 16'000 liv.

8°· Que pour la continuation de la route du Conflent, outre

les fonds des corvées à ce deſtinés , & évalués à 8000 liv. ; il
ſera employé , des fonds du Roi, la ſomme de 8000 liv. pour
des ponceaux (1).

9°. Que , pour la route de Collioure , il ſera deſtiné , des
fonds de la corvée , 10'000 liv.

10°. A la route de Prats-de-Mollo , il ſera deſtiné ſimplement,
ſur les fonds de la corvée , 2500 liv.

11°. Qu'il ſera établi des correſpondans dans les lieux où le
membres de l'Aſſemblée , à raiſon de leur éloignement , ne
pourront ſurveiller aux travaux publics , & que ces correſpondans
rendront compte aux Bureaux des différens diſtricts , ou à la
Commiſſion intermédiaire , de leurs obſervations.

12°. Que l'établiſſement des Cantoniers ſubſiſtera par forme
d'eſſai ; qu'ils ſeront , comme par le paſſé , aux ordres des Ingénieurs ; que la Commiſſion intermédiaire ſera autoriſée à en
augmenter ou diminuer le nombre , à deſtituer & à remplacer
ceux dont elle ne ſera pas contente , après vérification faite des
griefs dont ils ſeront accuſés ; que leſdits Cantoniers ſeront ſurveillés par tous les membres de l'Aſſemblée provinciale & de
celles des diſtricts qui ſeront à leur portée , même par les correſpondans nommés à cet effet.

13°. Que les adjudications ſeront morcelées , tant pour les ateliers , que pour les ouvrages d'art de peu de conſéquence , mais
non les grandes entrepriſes , leſquelles exigent des entrepreneurs
riches , qui ſe rendent garans de l'exécution en temps fixe..

14°. Que les adjudications d'atelier , par corvée , & des ouvrages d'art de peu de conſéquence , ne pourront être , les plus
fortes , au-delà de 3 à 4000 liv.

15°. Que la Commiſſion intermédiaire ſera chargée de vérifier & décider ſi les pierres refendues , dites *eſquerdas* , ou
même les briques , pourroient être employées avec plus de ſuccès
& d'économie que les pierres-de-taille , pour former les voûtes
des ponceaux.

(1) Il convient d'entretenir proviſoirement le chemin d'Olette au Montlouis. *Sans*
cette précaution , le paſſage ſe trouveroit intercepté une partie de l'année.

16°. Que la même Commiffion devra preferire aux deux Bureaux intermédiaires des diftricts, de s'informer dans leurs arrondiffemens, des prix ordinaires de la toife courante, pour fe ménager des rabais dans les adjudications.

17°. Que l'Affemblée, prenant en confidération les intérêts des propriétaires dont les poffeffions feront dégradées par la confection des grandes routes, s'occupera des moyens de pourvoir aux indemnités qu'il conviendroit de leur accorder.

18°. Que Mgr. le Préfident fera prié de folliciter avec inftance, au nom de l'Affemblée, la continuation des fecours du Gouvernement en ateliers de charité.

19°. Que l'Affemblée prendra en confidération le Mémoire remis par les propriétaires des terroirs du Soler, des deux St.-Feliu & de Millas, relativement à la nouvelle direction du chemin du Conflent, qui doit occafionner de grands dommages aux riverains.

20°. Qu'enfin, le Bureau n'ayant pu s'occuper de faire la recherche des abus qui peuvent s'être gliffés dans les devis & adjudications, la Commiffion intermédiaire, en conformité du nouveau Règlement envoyé par le Roi, fera chargée expreffément, de furveiller tous les détails concernant cette partie.

Sur ce Rapport, l'Affemblée délibérant, a d'abord confidéré que fes fonds pour les ouvrages d'art, foit arriérés, foit fixes, s'élèvent à la fomme de 179,102 liv. 6 f. 3 d.

Elle a mis au premier rang de fes dépenfes, les appointemens de MM. les Ingénieurs des Ponts & Chauffées, le traitement des conducteurs & piqueurs, du deffinateur & de l'écrivain, & a autorifé, en conféquence, fa Commiffion intermédiaire à payer ces divers honoraires & gages fur le pied établi.

Obfervant enfuite que les gratifications de MM. les Ingénieurs ont fouvent varié, qu'eux-mêmes ont reconnu qu'elles dépendent de la bonne volonté de l'Affemblée, que d'ailleurs il eft jufte de les proportionner au travail; l'Affemblée a autorifé fa Commiffion intermédiaire, à leur faire compter, au bout de fix mois, la moitié de leur gratification, fur le taux de l'année dernière, & s'eft réfervée de la compléter à fa prochaine tenue, époque à laquelle elle les fixera, d'après la juſtice qu'elle ſe fera un devoir de rendre à leurs ſervices.

Et quant aux frais de Bureau, achats de livres & d'inſtrumens, levées de plans, tracés de routes, recherches de matériaux, fourniture d'outils, &c., l'Aſſemblée a cru entrevoir que quelques-uns de ces objets ſont ſuſceptibles de réduction ; en conſéquence, elle a chargé ſa Commiſſion intermédiaire d'y porter l'économie la plus ſcrupuleuſe, de ſe faire donner, par MM. les Ingénieurs, un état des livres, meubles, bois, uſtenſiles, outils, &c., appartenant à la province, & l'a autoriſée à mettre à l'entretien tout ce qu'elle en jugera ſuſceptible.

L'Aſſemblée a porté enſuite ſes regards ſur les ouvrages dont l'exécution lui a paru plus utile & plus urgente : elle a conſidéré la perfection de la digue Orry, comme tenant à cet égard le premier rang, ſa ſtabilité aſſurant la communication avec le Languedoc, la conſervation du pont de pierre ſur la Tet, & protégeant des terres précieuſes ; & dans la crainte qu'une inondation ne détruiſe en un moment tout ce qui a été déjà fait ſur cette digue, elle a réſolu que le perré, dont une partie du talus vers la rivière eſt revêtu, ſera fini, en le prolongeant juſqu'audit pont dans la partie inférieure, & juſqu'au chemin de Saint-Eſtève dans la ſupérieure, où ce perré ſera terminé en crochet : elle a chargé ſa Commiſſion intermédiaire de faire planter les derrières de la digue ſur le Champ de Mars juſqu'à la profondeur de ſix toiſes, & les terrains ſupérieurs, dans une profondeur & dans une forme convenables : il a été aſſigné pour ces objets, une ſomme de 70,000 livres, que l'Aſſemblée, d'après les informations qu'elle a reçues, eſpère ſuffire à la confection de cette entrepriſe ; réſervant néanmoins à des temps plus heureux, l'exécution totale du devis approuvé au Conſeil.

L'Aſſemblée a conſidéré enſuite la reconſtruction d'une partie du pont de pierre, comme un objet d'une trop forte dépenſe, & elle a cru qu'au moyen d'un entretien exact, les quatre dernières arches, regardées comme périclitantes, tiendront encore long-temps ; elle a reconnu la néceſſité de laiſſer ſubſiſter, & même entretenir la partie du pont des eaux-vives qui eſt en bois, non comme un paſſage aſſuré, mais comme une reſſource pour la communication avec le Languedoc, dans le cas d'une inon-

A a

dation extraordinaire, qui fubmergeroit le chemin provifoire
qui eft au-deffous; en conféquence, elle a arrêté que le pont de
pierre fera entretenu avec foin; que celui des eaux-vives fera
confervé dans l'état où il fe trouve, & recevra même tout l'entretien dont il pourra être fufceptible; & cependant, que le paffage en fera barré, pour ne fervir, hors le cas d'une néceffité
preffante, qu'aux feuls gens de pied; que fi la démolition de ce
pont devient indifpenfable par quelque circonftance imprévue,
la Commiffion intermédiaire pourra alors en faire vendre les
fers & bois en place, par adjudication aux enchères; qu'en
attendant le rétabliffement de ce pont, la chauffée provifoire
qui eft au-deffous, & les pafferelles fur les deux branches du
ruiffeau dit des eaux-vives, feront entretenus avec attention.

L'Affemblée a reconnu que la reconftruction du pont de l'Agly
eft preffante; que fa chute obligeant le voyageur, lorfque la
rivière n'eft pas guéable, à fe détourner pour aller gagner le
pont de Rivefaltes, le prive d'une route qui eft prefque à fa
perfection; mais, dénuée de fonds, elle doit fe borner à fauver
des débris précieux. La circonftance lui a paru favorable pour
examiner une queftion agitée dans le public, & accréditée par
l'opinion de plufieurs perfonnes recommandables, favoir fi la
nature du terrain fur lequel portoit l'ancien pont, n'a pas été
la caufe de fa chute, & s'il ne feroit pas avantageux de reporter
la route du Languedoc à Rivefaltes: en conféquence, la Commiffion intermédiaire a été chargée de s'informer avec MM. les Ingénieurs, du parti qu'il eft convenable de prendre fur le premier
chef, & de les confulter, ainfi que les habitans & tenanciers
de Rivefaltes, ceux même des villages circonvoifins, & les
négocians qui fréquentent le plus ces routes, fur les avantages
où les inconvéniens que peut préfenter le fecond; de demander
cependant à MM. les Ingénieurs les projets & devis appréciatifs
du travail à faire à l'une & à l'autre route, & du pont à conftruire,
pour que l'Affemblée puiffe fe décider, à fa prochaine tenue,
avec connoiffance de caufe. Il a été réfolu cependant que le
chemin provifoire de Rivefaltes fera entretenu roulant, pour le
fervice des voitures.

L'Affemblée a obfervé que le chemin de Perpignan au Soler, route
du Conflent, eft fini; mais que le défaut de ponceaux en rend im-

praticable une portion confidérable; ce qui impofe aux propriétaires riverains la double charge de fournir un nouveau chemin, fans pouvoir profiter de l'ancien : en conféquence, elle a arrêté d'attribuer à cette conftruction une fomme de 8000 liv.

L'Affemblée envifageant enfuite la route du Port-Vendres, & confidérant que la communication de Perpignan, centre du commerce de toute la province, avec ce port, eft très-fouvent interrompue par les crues fubites & fréquentes de la rivière du Tech, a jugé convenable de pouffer les travaux du pont fur cette rivière, près la ville d'Elne, avec une activité qui en affurât la ftabilité contre tout évènement; &, pour cet effet, d'en élever les piles & culées à deux affifes au-deffus des baffes eaux; elle s'eft déterminée, en conféquence, à fufpendre tout autre ouvrage d'art fur cette route, & à porter fur cette entreprife une fomme de 110,000 liv., au moyen de laquelle elle efpère remplir le but qu'elle s'eft propofé.

Mais l'Affemblée n'a pu fe diffimuler que le défaut de bras, l'impoffibilité de fe procurer des journaliers dans le temps propre à ce travail, qui eft auffi celui des récoltes, empêcheroient, ou du-moins reculeroient l'effet d'une réfolution auffi fage, fi elle ne trouvoit une reffource dans les garnifons de la province; elle a autorifé, en conféquence, fa Commiffion intermédiaire à demander trois cens hommes, choifis dans les régimens qui font en Rouffillon, & à s'adreffer, pour les obtenir, au Commandant en Chef de la province, M. le Maréchal de Mailly, qui, auteur d'un projet dont il a fenti le premier tout l'avantage, eft engagé par fes premiers bienfaits, à lui continuer fa protection.

Enfin, l'Affemblée a vu avec regret que la difpofition qu'elle a faite pour les ouvrages ci-deffus mentionnés, avoient non-feulement abforbé fes fonds, mais encore qu'elle lui préfente un déficit confidérable, dont les entrepreneurs feront en avances fuivant leurs offres & les conditions de leurs devis; voulant cependant établir la balance la plus exacte entre fa recette & fa dépenfe, elle a arrêté que les fonds anticipés feroient en tant-moins employés pour l'année 1789.

L'Affemblée a enfuite porté fon attention fur les ouvrages dont l'exécution doit être fupportée par la contribution pécu-

niaire repréſentative de la corvée. Bornée, par l'arrêt d'enregiſ-
trement fait au Conſeil Souverain de cette province, de la déclaration du 27 Juin dernier, aux deux cinquièmes de la capitation roturière, & quatre ſous pour livre d'icelle, elle ne peut
diſpoſer que de la ſomme de 39,508 liv. 2 ſ., dont elle a cru
devoir répartir l'emploi ſur chaque route, ſuivant l'utilité qu'elles
préſentent.

En conſéquence, celle du Languedoc en Eſpagne
lui ayant paru devoir tenir le premier rang, elle lui
a aſſigné, ... 16,000 l.
Celle du Port-Vendres préſentant une utilité réelle
pour le commerce qui doit s'établir entre la province
& ce port, a été miſe au ſecond rang, & il lui a été
aſſigné 10,000
L'Aſſemblée a enviſagé enſuite la route du Con-
flent comme la troiſième, & attendu qu'elle a reçu,
dans les années précédentes, des ſommes conſidéra-
bles, elle a cru devoir ſe borner à lui en attribuer
une modique, ſur laquelle il ſera encore prélevé le
payement de deux ſtationnaires à établir depuis Olette
juſqu'au Mont-louis, pour aſſurer en tout temps une
communication difficile & dangereuſe ; & pour tout
ce que deſſus, une ſomme de. 8,000
Le chemin d'Arles & de Prats-de-Mollo a été regardé comme d'une moindre utilité ; en conſéquence,
l'Aſſemblée s'eſt bornée à lui attribuer, depuis le Boulou juſqu'à Arles, la ſeule partie
acceſſible aux voituriers, ... 2000 l.⎫
Et depuis Arles à Prats-de-Mollo, pour   ⎬ 2,500
le payement des Stationnaires qu'on em-   ⎭
ployera à l'entretien de cette route, . . . 500

————————
36,500

Au moyen de cette diſtribution, il reſtera en caiſſe un fonds
de 3000 liv. pour ſubvenir aux cas imprévus ; ſur quoi la Commiſſion intermédiaire a été autoriſée à établir des ſtationnaires

[189]

fur le chemin d'Arles à Saint-Laurent-de-Cerda, qui, à raison de la difficulté des lieux & de l'étendue du commerce qui se fait par cette voie, mérite quelque considération.

L'Assemblée s'occupant ensuite du nouvel ordre à établir dans la surveillance des routes, dans l'inspection des Stationnaires, dans la police des adjudications, & de l'économie à porter dans la confection des ouvrages de toute espèce, a statué:

1°. Que l'établissement des Stationnaires sera continué pendant cette année, par forme d'essai; que la Commission intermédiaire sera autorisée cependant à en augmenter ou diminuer le nombre, selon le besoin; qu'ils continueront d'être surveillés par MM. les Ingénieurs; que les différens membres de cette Assemblée & de celles de district, & même les correspondans que ladite Commission pourra choisir, rendront compte du travail de ceux des Stationnaires qui seront à leur portée, à la susdite Commission intermédiaire, laquelle aura seule droit de les révoquer en cas de négligence ou de prévarication.

2°. Qu'à l'avenir, dans la vue de multiplier les concurrens, & d'obtenir par ce moyen des rabais, les adjudications seront morcelées; de sorte que chaque ouvrage d'art, même les petits ponceaux, fassent chacun l'objet d'une adjudication particulière aux enchères; & que celles des ateliers & autres ouvrages de la nature de ceux qui se faisoient autrefois par corvée, n'excédent jamais 2000 liv., l'Assemblée se référant au dernier Règlement, pour tous les autres objets qui ont rapport aux adjudications, & autorisant néanmoins sa Commission à admettre aux enchères toute personne qui, par elle-même ou sa caution, sera reconnue solvable.

3°. Que la corvée en nature étant abolie, & les adjudications se faisant devant la Commission intermédiaire ou les Bureaux de district, les traitemens & gratifications, soit pour la police des corvées, soit pour la vacance aux adjudications, seront supprimés.

4°. Que la Commission intermédiaire sera autorisée à vérifier & à décider si les pierres refendues dites *esquerdas*, & même, en certains cas, les briques, pourront être employées utilement à la confection des ponts & ponceaux, à la place des pierres-de-taille ; & dans le cas où elle le jugera convenable, qu'elle pourra en ordonner l'emploi.

5°. Que la Commiſſion fera paſſer aux Bureaux intermédiaires de diſtrict, & même aux Municipalités, ſi elle le juge convenable, une note des prix de la toiſe courante, propoſés par MM. les Ingénieurs, & leur demandera leur avis à ce ſujet, pour les inſtructions qu'elle en recevra, lui ſervir de règle dans les adjudications.

6°. Que ladite Commiſſion ſera autoriſée à faire la recherche des abus qui pourroient s'être gliſſés dans l'exécution des devis & adjudications qui ne ſeront pas conſommés ; & ſans attaquer les anciennes adjudications, donner ſon attention à leur exécution littérale.

7°. Qu'à l'égard des indemnités que pourroient ſolliciter les propriétaires dont les poſſeſſions ſeroient traverſées, entamées ou dégradées par la conſtruction des nouvelles routes, & par la recherche des matériaux, la Commiſſion ſera tenue de prendre, ſoit à l'intendance, ſoit par les relations qu'elle établira à cet égard avec les autres Provinces, la connoiſſance des règles obſervées en pareil cas, tant dans cette généralité, qu'ailleurs, pour en rendre compte à l'Aſſemblée lors de la prochaine tenue, qui ſtatuera ce qu'il appartiendra.

8°. Et ſur les Mémoires qu'ont préſentés à l'Aſſemblée divers particuliers dont les poſſeſſions dans les terroirs de St.-Feliu & Millas ſont traverſées par le nouveau chemin du Conflent, pour obtenir qu'il ſoit conſervé dans ſon ancien emplacement, ou porté ſur un terrain moins précieux, l'Aſſemblée conſidérant que le plan en a été arrêté au Conſeil, & que des variations à cet égard entraîneroient de nouvelles dépenſes, a déclaré qu'elle ne pouvoit point s'écarter de la direction preſcrite, ſauf aux parties intéreſſées à faire au Gouvernement telles repréſentations qu'elles jugeroient convenables.

9°. Enfin, l'Aſſemblée a fixé ſon attention ſur les chemins vicinaux, qui, preſque tous, ſe trouvent, en Rouſſillon, dans le plus mauvais état ; & reconnoiſſant que pluſieurs d'entr'eux ſont d'une grande utilité pour le commerce particulier de certains cantons de la Province, que l'adminiſtration pourvoit en partie, depuis quelques années, à leur reſtauration par des ateliers de charité, où des journaliers trouvent du travail dans la morte ſaiſon, ladite Aſſemblée a délibéré d'autoriſer ſa Commiſſion intermédiaire à ſolliciter du Gouvernement la continuation de ce ſecours, ſur le pied de 15'000 liv. comme l'année dernière ; & a prié Mgr. le Préſident en particulier, de vouloir bien employer ſes bons offices auprès de M. le Contrôleur-général, pour le ſuccès de cette demande.

Fait & arrêté à Perpignan, les jour & an que deſſus. *Signés,* J. G. Évêque d'ELNE, Préſident. T. RAMON, Secrét. Greffier.

VINGT-DEUXIEME ET DERNIERE SÉANCE.
Du 19 Janvier 1788.

LEDIT jour 19 Janvier 1788, à quatre heures après midi, l'Aſſemblée réunie dans le lieu ordinaire de ſes ſéances, Mgr. l'Evêque, Préſident, a expoſé, que l'Aſſemblée pourroit être dans le cas de ſe donner un agent à Paris, comme l'ont fait pluſieurs Aſſemblées provinciales; que n'ayant aucun ſujet en vue, ni des renſeignemens certains pour un choix auſſi important, il étoit convenable d'autoriſer à cet effet la Commiſſion intermédiaire, qui ne ſe détermineroit, que ſur les informations les plus exactes, & ſeulement en cas de beſoin.

Il a été délibéré, conformément à la propoſition, que la Commiſſion intermédiaire ſera autoriſée non-ſeulement à faire choix d'un agent à Paris, mais encore à agir pour tout autre objet qui n'auroit pas été prévu, cette réſolution étant dictée par la confiance réciproque qui unit les divers membres de l'Aſſemblée.

L'Aſſemblée, avant de terminer ſes ſéances, s'eſt occupée de la reconnoiſſance qu'elle doit à Sa Majeſté pour le bienfait d'un

établiffement dont elle fent tout le prix ; &, non-contente d'en
configner le témoignage dans fon procès-verbal, elle a défiré
de faire parvenir au pied du Trône l'hommage de fon refpeĉt
& de fon amour : en conféquence, elle a chargé fa Commiffion
intermédiaire, à laquelle Mgr. le Préfident a été prié de fe joindre,
d'écrire à M. l'Archevêque de Touloufe, principal Miniftre,
pour le fupplier de faire agréer à Sa Majefté les fentimens dont
elle eft pénétrée pour fa perfonne, & de vouloir bien recevoir
pour lui-même, l'affurance des vœux fincères qu'elle forme pour
fa confervation, intimément liée au bonheur de la France.

Il a encore été délibéré, que la Commiffion intermédiaire
écrira pareillement à M. le Comte de Brienne, Miniftre de la
Guerre, chargé du département de cette province, & à M. Lambert, Contrôleur-général, pour les remercier de l'intérêt qu'ils
veulent bien prendre au bonheur de cette province, & pour leur
en demander la continuation.

L'Affemblée ayant ainfi terminé les objets pour lefquels elle
s'étoit réunie, Mgr. l'Evêque a propofé de députer auprès de
M. le Commiffaire du Roi, pour l'avertir qu'il pouvoit venir en
faire la clôture ; MM. l'Abbé Mauran & Belmas ont été députés
à cet effet.

Ces Meffieurs de retour, M. le Commiffaire du Roi s'eft fait
annoncer ; MM. les Procureurs-Syndics l'ont reçu à la première
porte, MM. l'Abbé Mauran, le Comte de Ros, Belmas & Moréno à la feconde. Entré & affis dans un fauteuil qui lui avoit
été préparé fur une eftrade, en face de celui où fiégeoit Mgr.
le Préfident, fur une eftrade de pareille hauteur, il s'eft couvert, ainfi que l'Affemblée, qui s'étoit levée & découverte pour
le recevoir. M. le Commiffaire du Roi a prononcé un difcours
analogue à la circonftance, dans lequel, après avoir affuré l'Affemblée qu'elle avoit rempli fes fonĉtions avec tout le zèle &
toute l'activité que la patrie pouvoit en attendre, il a ajouté qu'il
fe feroit un devoir d'en inftruire Sa Majefté & fes Miniftres,
pour mériter à la province en général & à fes repréfentans en
particulier, la bienveillance & la proteĉtion du Gouvernement.
Il a en même-temps prié l'Affemblée de croire qu'il avoit
employé

employé ses bons offices auprès de M. le Contrôleur-général, pour le porter à accepter les offres de l'abonnement des vingtièmes, proposées par l'Assemblée, & qu'il ne cesseroit de s'intéresser à tout ce qui pourroit lui être agréable.

Mgr. le Président a répondu par un autre discours, dans lequel, après avoir exprimé les sentimens de reconnoissance & de respect dont l'Assemblée est pénétrée pour Sa Majesté, il a témoigné à M. le Commissaire du Roi la satisfaction qu'elle a eu de ses relations particulières avec lui, pendant le cours de ses séances.

Après quoi M. le Commissaire du Roi s'est retiré, & a été reconduit par les mêmes députés, & avec le même cérémonial.

Ces Messieurs rentrés, Mgr. le Président a félicité l'Assemblée de l'harmonie qui a régné dans ses opérations, & lui a exprimé sa sensibilité pour les marques de confiance qu'il en a reçues, & a donné à chacun en particulier, les assurances de son attachement & de son estime.

M. le Marquis d'Aguilar, le plus ancien opinant parmi la Noblesse, a remercié, au nom de tous, Mgr. le Président, des vues vraiment patriotiques qu'il a montrées pendant le cours de cette Assemblée, & de ses procédés obligeans pour chacun de ses Membres en particulier ; & l'Assemblée a délibéré que ce témoignage de sa reconnoissance pour son Président, qui est le vœu général de tous ses Membres, sera consigné dans son procès-verbal.

Messieurs les Députés, avant de se séparer, ont réuni leurs vœux les plus ardens pour la gloire de l'Etat & pour la prospérité de la province, & se sont voués la continuation des sentimens d'estime & d'attachement qu'ils se sont mutuellement inspirés pendant la tenue de la présente Assemblée.

Clos & arrêté & signé par Mgr. l'Evêque, Président, & par

B b

tous les Membres composant l'Assemblée provinciale. A Perpignan, le 19 Janvier 1788.

Signés, JEAN-GABRIEL, Evêque d'Elne, Président.

L'Abbé DE MONTEILS.

Le Mis. D'AGUILAR.

DE CAMPREDON, *Grand-Sacristain de l'Abbaye de St.-Michel de Cuixa, Vicaire-Général du Diocèse.*

M_{is}. D'OMS.

GISPERT, *Prieur d'Arles.*

Sauveur MONTELLA.

F. X. MAURAN, *Curé de Rhodès.*

DE ÇAGARRIGA.

D^r. LLANES, *Curé d'Ur.*

Don François D'ANGLADA ET D'OMS.

L. EYCHENNE.

Le Comte DE ROS.

BONAURE.

BELMAS.

B. VILAR.

MORÉNO-VIGO.

BALLESSA.

SANYES-CASTELLO.

MÉRIC.

CORSINOS.

BACH.

CARBONELL.

DELCASSO.

JAUBERT.

PARÈS.

PLANES.

DE MATHEU-BOU, *Procureur-général-Syndic pour le Clergé & la Noblesse.*

DE LLUCIA, *Procureur-général-Syndic pour le Tiers-Etat.*

T. RAMON, Secrétaire-Greffier.

CONFORMÉMENT à la troisième partie des Instructions du Roi, M. l'Intendant a fait remettre à l'Assemblée provinciale du Roussillon, les Pièces suivantes : elles servent à faire connoître la position de la Province, sous le rapport des impositions ; & en leur donnant la publicité de l'impression, on a en vue de consulter l'opinion publique, sur les économies & améliorations dont chaque objet pourroit être susceptible.

DÉPARTEMENT
DE ROUSSILLON.

N° 1.

EXTRAIT du Brevet général arrêté au Conseil le vingt Juillet mil sept cent quatre-vingt sept, pour la levée des impositions de l'année prochaine mil sept cent quatre-vingt huit.

IL sera imposé & levé sur les Contribuables du Département de Roussillon, en l'année prochaine mil sept cent quatre-vingt huit, comme en la présente année, la somme de deux cents quarante-cinq mille livres quatre sous cinq deniers ;

SAVOIR:

	##.	s.	d.
Pour l'Imposition ordinaire.	65'956	16	10
Pour la Capitation, y compris les quatre sous pour livre & les impositions établies au marc la livre de la capitation	179'043	7	7
Revenant lesdites sommes à celle de. .	245'000	4	5

N°. 2.

ROUSSILLON.

IMPOSITIONS ORDINAIRES,
CAPITATION
ET IMPOSITIONS EXTRAORDINAIRES.

1787.

*E*TAT *de la Répartition*
cinq deniers, à impofer dans
au Confeil le 30 *Juin* 1786;
pour l'Impofition ordinaire, &
Capitation, y compris les qua

	IMPOSITION
	ORDINAIRES
	tt. ſ. &
Officiers des Etats-Majors , Commiffaires des guerres , Officiers d'Artillerie , Génie , Maréchauffée	
Officiers du Confeil Souverain de Rouffillon & de la Chancellerie.	
Nobleffe { du Rouffillon & Conflent	
{ de Cerdagne	
Avocats au Confeil Souverain de Rouffillon.	
Procureurs au Confeil Souverain de Rouffillon.	
Officiers des Jurifdictions fubalternes { du Rouffillon	
{ du Conflent	
Officiers & Ouvriers de la Monnoie.	
Employés { aux Fermes & Gabelles.	
{ aux Hôpitaux militaires	
{ en différentes affaires	
Gardes-Canoniers & enrôlés à la Capitainerie générale, & leurs Veuves	
Corps , Colléges & Communautés de la Ville de Perpignan.	8512 16 10
Communautés de la Viguerie { du Rouffillon	33223 » »
{ du Conflent.	16165 » »
{ de Cerdagne	8056 » »

TOTAUX. 65956 16 10

RÉCAPITULATION GÉNÉRALE.

Fait & arrêté par Nous Maître des Requêtes,

générale de la somme de deux cents quarante-cinq mille livres quatre sous
Roussillon pendant l'année 1787, suivant l'extrait du Brevet général arrêté
ont soixante-cinq mille neuf cents cinquante-six livres seize sous dix deniers
cent soixante-dix-neuf mille quarante-trois livres sept sous sept den. pour la
sous pour livre, & les Impositions établies au marc la livre de la Capitation.

PRINCIPAL DE LA CAPITATION.			QUATRE SOUS POUR LIVRE.			IMPOSITIONS EXTRAORDINAIRES ÉTABLIES AU MARC LA LIVRE DE LA CAPITATION.			TOTAL DE LA CAPITATION, QUATRE SOUS POUR LIVRE ET ACCESSOIRES.		
₶.	ſ.	∂.	₶.	ſ.	∂.	₶.	ſ.	∂.	₶.	ſ.	∂.
6834	»	»	1366	16	»	. . . .			8200	16	»
13277	»	»	2655	8	»	7800	4	9	23732	12	9
437	»	»	87	8	»	256	14	3	781	2	3
214	»	»	42	16	»	111	12	6	368	8	6
391	»	»	78	4	»	199	15	»	668	19	»
296	»	»	59	4	»	173	17	3	529	1	3
250	»	»	50	»	»	146	17	6	446	17	6
169	10	»	33	18	»	. . . .			203	8	»
1356	10	»	271	6	»	. . . .			1627	16	»
173	5	»	34	13	»	. . . .			207	18	»
488	15	»	97	15	»	. . . .			586	10	»
6174	5	»	1234	17	»	. . . .			7409	2	»
8682	1	»	1736	8	2	5138	10	1	15556	19	3
42121	18	5	8424	7	8	24977	2	5	75523	8	6
17693	1	11	3538	12	6	10471	»	11	31702	15	4
6416	7	10	1283	5	6	3797	19	11	11497	13	3
104974	14	2	20994	18	10	53073	14	7	179043	7	7

Imposition ordinaire 65956 16 10

Capitation, Quatre Sous pour livre & Accessoires. 179043 7 7

TOTAL GÉNÉRAL. 245000 4 5

Intendant du Roussillon. A Perpignan, le 6 Mars 1787.

Signé, RAYMOND.

La pièce N°. 3, est le brevet expédié au Conseil le 4 Avril 1787, pour l'imposition ordinaire, la capitation & quatre fous pour livre d'icelle, & les impositions extraordinaires, établies au marc la livre de la capitation : le contenu de ce brevet est détaillé dans les deux pièces précédentes.

La pièce N°. 4, est un état détaillé de la population, année 1767, des villes, bourgs & communautés de la province, & des impositions, année 1787, qu'elle supporte; lesquelles impositions sont rangées sous trois colonnes, imposition ordinaire, capitation & impositions extraordinaires, vingtièmes & accessoires : on se contentera de présenter les résultats.

POPULATION.

Viguerie du Roussillon,	55417	70417
Ville de Perpignan,	15000	
Viguerie du Conflent,		24421
Viguerie de Cerdagne,		7809

TOTAL DE LA POPULATION, ... 102647

IMPOSITIONS.

IMPOSITIONS ORDINAIRES.

Viguerie du Roussillon. . . . 33223 l. s. d.
Des Corps & Confrairies de Perpignan, payés par la ville, . 8512 16 10 } 41735 l. 16s.10d.
Viguerie du Conflent, ... 16165
Viguerie de Cerdagne, ... 8056 } 65 956 l.16s.10d.

CAPITATION ET IMPOSITIONS EXTRAORDINAIRES.

Viguerie du Roussillon, . . . 75523 l. 8s. 6d.
Rôles particuliers, ... 56470 13 3 } 131994 1 9

197950 18 2

Ci-contre. . . . . 197950l. 18f. 7d.

Viguerie du Conflent. . . . 31702l. 15f. 4d. } 34770l. 2f. 4d. }
Rôles particuliers, ... 3067   7   } 47048 17 10 }

Viguerie de Cerdagne, . . . 11497 13 3 } 12278 15 6 }
Rôles particuliers, ... 781   2   3 }

VINGTIEMES ET ACCESSOIRES.

Viguerie du Rouffillon, . . . 103787 l. 3 f. } 225513 1 }
Rôles particuliers, ... 121825 18   }

Viguerie du Conflent, ... 52257   2 } 65309 } 311241l. 12 }
Rôles particuliers, ... 13051 18   }

Viguerie de Cerdagne, . . . 17376 13 } 20419 11 }
Rôles particuliers, ... 3042 18   }

Il eft de-plus levé, au marc la livre des vingtièmes, en vertu des lettres - patentes du 14 Août 1779, pour l'entretien des digues & plantations de la rivière, une fomme de vingt-cinq mille livres, ci. 25000

Pour rendre cet état plus complet, on y joindra les impofitions du Clergé.

S A V O I R ;

Clergé.

DON-GRATUIT tenant lieu de Capitation fuivant l'état de répartition arrêté par les Commiffaires du Clergé, ci. . 5000 l.
Quatre fous pour livre, ... 1000 } 6600 l. f. d. }
Contribution pour les gages de la Maréchauffée, au marc la livre de la Capitation, ... 600

VINGTIEMES ET ACCESSOIRES.

Premier Vingtième, ... 9400 l. }
Quatre fous pour livre 1880   } 22578 } 30580 19 4 }
Second Vingtième , ... 9400   }
Digues & Rivières, au marc la livre des Vingtièmes, ... 1898 }

T A X A T I O N S.

Du Receveur-général , . . . 402 l. 19 f. 4 d. }
Du Receveur particulier , moitié fur le Clergé féculier du Rouffillon , & moitié fur celui de Cerdagne , & les Réguliers , 1000 } 1402 19 4 }

611822 l. 7f. 9d.

*Objets donnés par le Roi , comme nouvelle matière
imposable pour l'année 1788.*

Domaines de Sa Majefté , ... : 900 l. 2 f. 7 d.
Biens de l'Ordre de Malthe , ... 6201   1   9
Biens des Hôpitaux , ... 3558   12   2

                               10659   16   6

N. B. On n'a point compris dans cet état , la capitation ta-
rifée de Meffieurs du Confeil , dont le détail , pour l'année 1788 ,
eft le fuivant.

S A V O I R ;

Capitation & fous pour livré de MM. les Préfi-
dens , Confeillers & Gens du Roi en la Cour
du Confeil Souverain de Rouffillon , enfemble
celle des bas Officiers au même Confeil , ci. 6318 l.   f.
Domeftiques des Officiers , total , ci. 154   16
Capitation & fous pour livre des Officiers fans
gages , ci. 267   12
Domeftiques defdits Officiers , ci. 14   8
Avocats , ... 481   4
Procureurs , ... 501

                               7737

On croit devoir joindre de-plus à cet état général
des impofitions directes , la contribution pécuniaire ,
repréfentative de la corvée ; elle s'eft élevée , pour
l'année 1787 , à la fomme de foixante-quatre mille
trois cens trente-quatre livres , ci . . . . 64334 liv.

PONTS

PONTS ET CHAUSSÉES. N°. 5.

ÉTAT des fonds deſtinés aux Ponts & Chauſſées,
pour 1788.

S A V O I R;

Crue ou agmentation ſur le ſel , en vertu des lettres-
patentes du 24 Septembre 1785 , ... 31000 liv.
Impoſition ſur la province , employée dans l'état de
l'impoſition ordinaire , ... 15000
Autre impoſition ſur la province , au marc la livre
des vingtièmes , ... 25000
Fonds accordés par le Roi , pendant dix ans , neuvième année , ... 25000
Autres fonds accordés pendant quatre années , à
compter de 1787 , ... 25000

T O T A L 121000

Nota. Il y a eu ſur cet objet une déduction de 9006 livres ,
pour les dépenſes de l'Adminiſtration générale.

Sur ces fonds , on prélève annuellement les appointemens de
MM. les Ingénieurs & autres Employés aux Ponts & Chauſſées ,
& les frais de levées de plans , nivellement , ſondes , recherches
des matériaux , &c. , relatifs aux mêmes objets.

Cette dépenſe s'eſt élevée , pour l'année 1787 , à la ſomme
de 19382 liv. , conformément à l'état fourni par M. l'Ingénieur
en chef.

Cc

S A V O I R :

Appointemens de MM. les Ingénieurs.

De M. l'Ingénieur en chef, ... 2202 l.	}	
D'un premier Sous-Ingénieur, ... 1500	} 5202 liv.
D'un fecond Sous-Ingénieur , ... 1500	}

Gratifications de MM. les Ingénieurs.

M. l'Ingénieur en chef , ... 2800 l.	}	
D'un premier Sous-Ingénieur, ... 1000	} 4600
D'un fecond Sous-Ingénieur, ... 800	}

Nota. On porte ici les mêmes gratifications qui
font accordées dans l'état du Roi ; mais MM. les
Ingénieurs ont reconnu qu'elles doivent être à l'avenir
réglées fuivant la bonne volonté de l'Adminiftration.

Salaires.

A un Deffinateur Géographe, ... 1000 l.
Aux Ecrivains, Conducteurs, & autres employés à la conduite des ouvrages à faire
par les communautés, pour leurs falaires,
enfemble pour frais de levées de plans,
nivellement, fondes, recherches de matériaux, achat & entretien d'outils, &
autres dépenfes, pendant l'année 1787,
la fomme de huit mille cinq cens quatre-
vingt livres, qui eft payée fuivant l'état
détaillé defdites dépenfes, certifié par
l'Ingénieur en chef, ci 8580

} 9580

Nota. MM. les Ingénieurs fe propofent de faire
cette année des économies fur ce dernier article.

19382

IMPOSITION ORDINAIRE.

RELEVÉ *de l'état général de l'Imposition ordinaire, projetée pour 1788, en conséquence du Brevet général arrêté par le Roi, le 20 Juillet 1787, avec la distinction des dépenses concernant le service de Sa Majesté, d'avec celles particulières à la Province.*

PREMIERE PARTIE.

Restant à la disposition de M. l'Intendant.

Entretien des places , ...	6000 l.	f.
Logement { du Lieutenant-Général de la province.	500	
du Lieutenant de Roi de la province, .	500	
de M. Chollet, Commandant en second , ...	300	
& comme Officier général employé,	900	
d'un Maréchal - de - Camp , employé pendant quatre mois, ...	400	
pour l'Inspecteur des Gardes-côtes,.	700	
d'un Commissaire des Guerres, . .	438	
de l'Inspecteur général d'Artillerie , .	600	
du Directeur de l'Artillerie , . . .	660	
du Sous - Directeur , ...	440	
du Commissaire des Guerres de l'Artillerie ,.	250	
de l'Ingénieur , Directeur des fortifications , ...	500	

} Voyez l'ob-
servation ci-
après.

11988

De l'autre part, ... 11988 l. f.

Logement
- du Tréforier des fortifications, . . . 200
- du Tréforier des Troupes, . . . 300
- du Prévôt, des Officiers & Cavaliers de la Maréchauffée, ... 2220
- du Garde d'Artillerie de Salces, . . 96

Loyers des magafins pour la fourniture du pain aux Troupes, ... 2098

Appointemens
- du Secrétaire du Gouverneur de la province, ... 3000
- du Viguier du Rouffillon, . . 1100
- du Viguier du Conflent & du Régent de la Viguerie, . . . 1200
- du Viguier de Cerdagne, . . 600

Indemnités des Huiffiers au Confeil, ... 520

Travaux des Canaux de Picardie & de Bourgogne, & autres, ... 1346

Excédent pour non-valeurs ou affaires imprévues ; on obferve que fur la fomme de 500 livres impofée, MM. les Intendans ont toujours difpofé de celle de 450 liv. qui a fait partie des fonds affignés pour la dépenfe de leurs Bureaux, 450

Penfion ou gratification annuelle au fieur de Poeydavant, confirmée par un brevet du Roi, du 13 Septembre 1781, ... 500

Impofition annuelle pour les Haras & l'Ecole militaire, ... 5370

Fourages pour les étalons royaux, ... 4854 10

TOTAL de la première partie. . . 36042 10

SECONDE PARTIE.

Loyers des maifons qui compofent l'hôtel du Gouverneur, ... 2083 l.

[205]

Ci-contre, ... 2083 l. f. d.
Augmentation de loyers du Commandant
en chef , ... 1100
Logement { de l'Ingénieur des Ponts &
Chauffées , ... 250
de M. le premier Préfident , . 1200
Loyers ou intérêts des maifons prifes pour
l'Hôtel de la Monnoie , ... 720
Abonnement des droits de courtiers jau-
geurs & infpecteurs aux boiffons , . . 5500
Entretien d'une pépinière , ... 1000
Ponts, Chauffées & Chemins , ... 15000
Supplément des gages aux Maîtres de pofte , . 480
Excédent pour non-valeurs , ... 50
* Gratification au fieur Arnaud , ... 400
** Terres prifes pour les fortifications , . . 250 1 8
Droits de recette aux Receveurs particuliers , . 800
Taxations au Receveur général , ... 1081 5 2

        29914 6 10

* Eteinte
en 1787.
** Voyez
l'obferva-
tion ci - a-
près.

RÉCAPITULATION.

Première partie , ... 36042 liv. 10 f. d.
Seconde partie , ... 29914 6 10

Somme totale pareille au brevet , . 65956 16 10

OBSERVATIONS.

Toutes les fommes comprifes dans l'état de l'impofition ordinaire ont une deftination fixe ; mais comme le brevet du Roi,
qui en a réglé le montant annuel , s'expédie d'avance , & que
M. l'Intendant a été affujetti à y conformer fes difpofitions ,

malgré l'avertiſſement qu'il a donné, des changemens à y faire en augmentation ou en diminution, il ſe trouve quelques articles qu'on laiſſe ſubſiſter quoiqu'ils n'ayent plus lieu ; ils ſervent ou peuvent ſervir à des dépenſes inopinées, pour leſquelles il n'y a pas des fonds faits : tels ſont les articles marqués en marge, de 400 liv. pour un Maréchal-de-Camp, employé pendant quatre mois, de 700 liv. pour le logement de l'Inſpecteur des Gardes-côtes, de 400 liv. pour la gratification annuelle du ſieur Arnaud, éteinte par ſa mort, & de 250 liv. 1 ſ. 8 den. pour rembour-ſement des terres priſes pour les fortifications, objet conſommé ; en tout, 1750 liv. 1 ſ. 8 den., dont le brevet & les états de répartition devroient être diminués dans l'état actuel des choſes.

ROUSSILLON.

N°. 7.

CAPITATION

ET IMPOSITIONS EXTRAORDINAIRES.

État des fonds connus ſous la dénomination de fonds libres de la Capitation, dans lequel on diſtinguera les dépenſes relatives au ſervice du Roi, qui doivent continuer à regarder l'adminiſtration de M. l'Intendant, d'avec celles particulières à la province.

Le brevet général pour l'année 1788, arrêté par le Roi le 20 Juillet 1787, fixe en total la capitation, les quatre ſous pour livre en-ſus, & les impoſitions ré-parties au marc la livre, à la ſomme de . .   179043 l. 7 ſ. 7 d.

L'emploi de cette ſomme en deniers fixes, eſt,

S A V O I R ;

Pour la Capitation.

Portion du Tréfor Royal, *	104976 l. 15 f. 3 d.
Service de la louveterie , ...	310
Frais des Bureaux de l'Intendance , . .	5000
Penfion accordée au Secrétaire du Gouverneur de la province , ...	1200

Diverfes dépenfes évaluées à 4190 livres, mais dont quelques-unes varient annuellement.

S A V O I R ;

Impreffion de l'Intendance , à la charge de la province, ci.	2060 l.	
Exprès à rembourfer aux Viguiers du Conflent & Cerdagne , ...	950	
Indemnité à l'Etat - Major de Villefranche , pour la fuppreffion du droit de Barre ,.	388	4190
A l'Ingénieur des Ponts & Chauffées , pour frais d'écritures , .	375	
Au fieur Viguier du Rouffillon, en remplacement de ce qu'il recevoit fur les Communautés , ...	417	

Non-valeurs, modérations & décharges , .	1500	
Remifes ou taxations , ...	8792	17 9

	125969 13

* A prélever de cette fomme, ou de toute autre impofition , 1200 l. affeftées au Profeffeur de Chimie, établi par l'édit de Janv. 1786 & qui doivent être prifes, fuivant cette loi, fur les impofitions de la province.

Nota. On paſſe auſſi une ſomme de 400 liv. au ſieur Valette, qui a le titre d'Agent de la province à Paris, & qui ſe prend ſur le revenant-bon qui peut ſe trouver dans la maſſe totale des Impoſitions.

IMPOSITIONS EXTRAORDINAIRES.

	l.	ſ.	d.
Gages des Brigades de Maréchauſſée, . .	13374		
Offices municipaux & dix ſous pour livre, .	22500		
Suppreſſion des fourrages en nature, . .	5065	4	2
Tranſports militaires. *Nota.* Cet article n'eſt conſtaté qu'à la fin de l'année, & il augmente ou diminue, ſuivant le plus ou le moins de mouvement des Troupes dans la province; on le porte ici comme en 1786, à	8246	11	
Mendicité, ...	1174	9	7
Taxations, ...	2653	13	9
Non-valeurs, ...	500		
	53513	18	6

RÉCAPITULATION.

	l.	ſ.	d.
Première partie, Capitation, . . .	125969	13	
Seconde partie, Impoſitions extraordinaires, ...	53513	18	6
	179483	11	6
L'impoſition n'étant que de.	179043	18	6
Il y a un déficit de.	443	3	11

OBJETS

OBJETS qui paroissent devoir continuer à dépendre de l'administration de M. l'Intendant.

SUR LA CAPITATION.

	l.	f.	d.
Le service de la louveterie, . . .	310		
Les frais du Bureau de l'Intendance, .	5000		
La Pension du sieur Guy, ...	1200		

Les trois premiers articles des dépenses diverses, évaluées à 4190 liv.; mais qui peuvent varier du plus au moins, ainsi qu'il a été dit.

SAVOIR;

Les impressions, ... 206ol.		
Les exprès du Conflent & de la Cerdagne, ... 950	}	3398
L'indemnité à l'Etat - Major de Villefranche, . . . 388		

SUR LES IMPOSITIONS

EXTRAORDINAIRES.

Les gages des Maréchaussées, ...	13374		
Les Offices municipaux, ...	22500		
La suppression des fourrages en nature, .	5065	4	2
Les transports militaires, objet casuel qu'on porte ici sur le pied de 1786, ci.	8246	11	
La Mendicité, ...	1174	9	7
Les autres objets qui regardent l'Assemblée provinciale montent à. . .	60268	4	9.
	119215	6	9
	179483	11	6

Dd

De l'autre part. . . . . . . 179483 l. 11 f. 6 d.
A déduire les 440 l. 3 f. 11 d. de déficit .   440   3   11

Somme égale à l'Impofition. 179043   7   7

Nota. Dans le partage des fonds libres de la Capitation , &
de ceux de l'Impofition ordinaire , entre M. l'Intendant & l'Affemblée provinciale , on a cru devoir tranfcrire littéralement les
difpofitions faites par M. l'Intendant , fans néanmoins entendre
l'approuver ; la Commiffion ayant au-contraire été autorifée à en
pourfuivre la diftinction auprès du Miniftère , fuivant ce qu'elle
jugera convenable.

EXTRAIT DU REGLEMENT

RENDU

POUR LA PROVINCE DE HAUTE-GUYENNE,

Le 10 Mars 1785.

SECTION TROISIEME.

ARTICLE PREMIER.

LES demandes en décharge d'impofition pour caufe d'incendie , grêle , gelée , inondation , dommages caufés par le feu du ciel & autres intempéries , perte de beftiaux , nombreufe famille , infirmités , &c. ne feront faites qu'à la Commiffion intermédiaire.

Demandes en décharge d'impofition.

2.

Les demandes pour caufe de divifion ou mutation de cote de Vingtièmes, & pour doubles emplois, feront faites à la Commiffion intermédiaire.

Demandes relatives aux vingtièmes.

3.

Lorfqu'il fe rencontrera dans quelques rôles , des cotes inconnues & inexigibles, les Collecteurs s'adrefferont de même à la Commiffion intermédiaire , pour obtenir que ces non-valeurs leur foient allouées.

Non - valeurs.

4.

La Commiffion intermédiaire, en ftatuant fur ces différentes

Principes

propres à chaque nature d'imposition, observés. demandes, & autres dont les motifs seroient du même genre, aura égard à la nature, aux règles & aux principes de chacune des impositions fur lesquelles les Contribuables pourront fe pourvoir.

5.

Dans quelle forme ces demandes rejetées.

Lorfque la Commiffion intermédiaire ne croira pas devoir accueillir la demande en décharge, modération ou non-valeur, formée pour les caufes accidentelles ou momentanées ci-deffus indiquées, fur les fonds de la Capitation ou des Vingtièmes, elle répondra le Mémoire à elle préfenté, d'un délibéré portant *qu'il n'y a lieu à la décharge, modération ou non-valeur demandée, fauf au Suppliant à fe pourvoir au Confeil par voie d'Adminiftration.*

6.

Décharges ou modérations accordées.

Dans le cas, au-contraire, où la Commiffion intermédiaire aura eu égard aux repréfentations qui lui auront été faites, elle expédiera pour chaque Contribuable une ordonnance de décharge ou modération, qu'elle adreffera au Receveur particulier des finances.

7.

Forme à fuivre pour en profiter.

Les Procureurs-généraux-Syndics informeront le Contribuable qu'il lui a été accordé par la Commiffion intermédiaire, telle décharge ou telle modération, & qu'en conféquence il pourra profiter de cette ordonnance en la quittançant, & en fe mettant en règle pour le payement du furplus qui lui refteroit encore à acquitter fur fon impofition, dans le délai de deux mois au plus tard, finon, ce délai paffé, que l'ordonnance fera de nul effet. La même difpofition fera inférée dans le texte même de l'ordonnance.

8.

Envoi des états de décharges aux Collecteurs.

Les Procureurs-généraux-Syndics informeront également les Collecteurs, de toutes les ordonnances en décharges ou modérations, qui auront été accordées dans chaque Communauté, en leur faifant adreffer un état defdites ordonnances. Les Collecteurs en tiendront compte aux Contribuables, & rapporteront aux Receveurs la quittance de chacun d'eux, avec l'avis qui leur aura été adreffé de la part de la Commiffion intermédiaire. Si le Contribuable ne fait pas écrire, il fera tenu de faire certifier, par la fignature du Curé ou du Vicaire, ou de deux principaux Habitans, qu'il lui a été tenu compte du montant de la décharge ou modération à lui accordée.

9.

Les Contribuables compris dans les rôles de Capitation arrêtés au Confeil, pour les Nobles, Privilégiés, Officiers de Juftice & Employés des Fermes, qui croiront avoir à fe plaindre de la furtaxe de leurs cotes, s'adrefferont à la Commiffion intermédiaire.

Capitation noble.

Demandes en furtaxe.

10.

Si ladite Commiffion ne trouve pas leurs repréfentations fondées, elle répondra leur requête d'un délibéré portant *qu'il n'y a lieu à la modération demandée pour prétendue caufe de furtaxe, fauf à fe pourvoir au Confeil.*

Comment les demandes rejetées.

11.

Les Contribuables ainfi déboutés, qui voudront en effet fe pourvoir au Confeil, ne pourront le faire que par un fimple Mémoire ou Placet adreffé, foit au Contrôleur-général des finances, foit à l'Intendant au département des impofitions, ou enfin au Commiffaire départi, lequel, dans ce dernier cas, fera parvenir le Mémoire du Contribuable au Confeil, avec fon avis & les obfervations de la Commiffion intermédiaire, qu'il fe fera procurées par les Procureurs-généraux-Syndics. Il fera enfuite ftatué fur le tout par le Confeil, ainfi qu'il appartiendra.

Formes pour fe pourvoir au Confeil.

12.

Les rôles de Capitation roturière continueront d'être faits

Rôles de

Capitation roturière. fur les mandemens & fous l'infpection de la Commiffion inter-médiaire, mais ils ne feront mis en recouvrement, à compter de l'exercice de 1785, qu'après avoir été vérifiés par ladite Commiffion intermédiaire, & rendus exécutoires par le fieur In-tendant & Commiffaire départi, qui les fera enfuite parvenir directement, pour plus de célérité, aux Receveurs particuliers de chaque Election, en ayant foin toutefois d'informer la Com-miffion intermédiaire du jour où il les leur aura adreffées.

13.

Demandes en furtaxe, pour Capi-tation. Les Contribuables compris auxdits rôles, qui fe croiront dans le cas de former une fimple demande en furtaxe, feront tenus de s'adreffer à la Commiffion intermédiaire ; celle-ci, après s'être procuré les renfeignemens néceffaires, & avoir entendu les Con-fuls, Afféeurs & Répartiteurs, pourra accorder la réduction qu'elle trouvera jufte. Si la demande ne lui paroît pas fondée, elle répondra alors la requête d'un délibéré portant *qu'il n'y a lieu à la réduction, fauf à fe pourvoir au Confeil;* & en ce cas, les Contribuables déboutés pourront fuivre une des formes indiquées par l'article 11.

14.

Réclama-tion con-tentieufe fur la Ca-pitation. Quant à toutes les autres réclamations relatives à la cote même de la Capitation, qui inculperoient la bonne foi des Af-féeurs & Répartiteurs, ou qui feroient fondées fur quelque con-travention au mandement, ou enfin qui pourroient donner lieu au contentieux, les Contribuables fe pourvoiront devant le fieur Intendant & Commiffaire départi, qui prononcera contradictoi-rement, ainfi qu'il appartiendra, fauf l'appel au Confeil : En-joint, Sa Majefté, à la Commiffion intermédiaire, de renvoyer devant ledit fieur Commiffaire départi, les plaignans qui, dans les cas exprimés par le préfent article & autres du même genre, fe feroient pourvus devant elle.

FAUTES ESSENTIELLES A CORRIGER.

Page 4, ligne 28, *abſent de la province, Chevalier d'honneur, &c.* lifez, *Chevalier d'honneur au Conſeil Souverain de Rouſſillon, abſent de la Province.*

66, ligne 3, après $\frac{6}{15}+\frac{1}{10}$, lifez, *à l'inſtar.*

68, ligne 15, après *ainſi que,* lifez, *dans.*

69, ligne 35, au-lieu de *leurs revenus,* lifez, *ſur leurs revenus.*

80, ligne 4, *les réſultats,* lifez, *le réſultat.*

90, ligne 29, *de la capitation,* lifez, *de la contribution.*

97, lignes 8 & 9, *chargés du rapport des chemins, &c.* lifez, *du rapport ſur les chemins & travaux publics.*

110, ligne 29, *par chacune d'elles,* lifez, *pour chacune d'elles.*

117, ligne 8, *Verdignans,* lifez, *Védrignans.*

134, ligne 15, *faire clôture,* lifez, *faire la clôture.*

134, ligne 20, *prolongation,* lifez, *prorogation.*

135, ligne 3, *raſſembler des notions,* lifez, *raſſembler que des notions.*

138, ligne 8, *reſtant,* lifez, *reſtantes.*

139, ligne 34, *Les propriétaires des Maors,* lifez, *des Maſos.*

146, ligne 8, *l'eſpart,* lifez, *le ſpart.*

152, ligne 7, *le tranſport des choſes éprouve,* lifez, *le tranſport des choſes fragiles éprouve.*

155, ligne 7, après *garniſaires &,* ajoutez, *ſur la.*

Idem, ligne 8, *auquel règlement,* lifez, *auquel projet.*

163, ligne 16, après ce mot *payés,* lifez, *proviſoirement.*

169, ligne 3, *vues,* lifez, *vu.*

188, ligne 28, *voituriers,* lifez *voitures.*

208, ligne 23, *L'impoſition n'étant que de* 179,043 liv. 18 ſ. 5 den. lifez, *de* 179,043 liv. 7 ſ. 7 den.

Idem, ligne 24, *Il y a un déficit de* 443 liv. 3 ſ. 11 den. lifez, *de* 440 liv. 3 ſ. 11 den.

P. 89. Ligne 14. après ces mots *une ſomme de 64.334.* ajoutés, *la quelle par les rabais dans les adjudications a été réduite à 64,120. Somme qui a servi de baze aux calculs cy après.*

ASSEMBLÉE PROVINCIALE [illegible]

www.ingramcontent.com/pod-product-compliance
Lightning Source LLC
Chambersburg PA
CBHW071116280326
41935CB00010B/1033